QU'EST-CE QUE LE POSITIVISME ?

COMITÉ ÉDITORIAL

CHEMINS PHILOSOPHIQUES

Collection dirigée par Roger POUIVET

Mélika OUELBANI

QU'EST-CE QUE LE POSITIVISME ?

Paris

LIBRAIRIE PHILOSOPHIQUE J. VRIN

6, place de la Sorbonne, V^e

2010

© *Librairie Philosophique J. VRIN,* 2010

Imprimé en France

ISSN 1762-7184

ISBN 978-2-7116-2257-3

www.vrin.fr

QU'EST-CE QUE LE POSITIVISME ?

INTRODUCTION

Le terme de *positivisme* est utilisé aussi bien pour désigner la philosophie d'Auguste Comte que celle des empiristes logiques, ou positivistes logiques. Pourtant, malgré cette appellation commune, les néopositivistes ne se réclament pas du Comtisme ; bien au contraire, lorsqu'ils évoquent Auguste Comte, c'est plutôt pour s'en distinguer avec vigueur. Il est, par conséquent, opportun de préciser ce qu'est le positivisme en général, ou peut-être plutôt, d'expliciter le terme « positif », tout en dégageant ce qui – forcément – réunit les deux écoles et leur permet de partager le même nom, malgré leurs divergences, mais surtout de montrer en quoi les néopositivistes se distancient de l'école comtienne, l'adjonction du qualificatif « logique » n'expliquant pas toute la différence.

Auguste Comte (1798-1857), élève de Polytechnique a été fortement influencé au départ par Saint-Simon, dont il fut, d'ailleurs, le secrétaire particulier, après avoir été congédié par son école, à cause de son esprit positif, justement[1]. Bien

---

1. Dans une lettre à Mill, en date du 30 décembre 1842, il écrit « vous avez peut-être su que la canaille théologique avait, à ce propos, hautement demandé

que s'en étant séparé assez rapidement, on peut dire que Comte a largement contribué à divulguer le positivisme saint-simonien. En effet, sa biographie nous permet d'affirmer son militantisme et son engagement pour l'esprit positif, dont le pilier se trouve dans sa fameuse loi des trois états.

En revanche, le positivisme logique a été dès le point de départ un mouvement de groupe, celui de philosophes dits néopositivistes ou empiristes logiques qui se réunissaient, à partir de 1908, et de manière plus suivie[1] avec l'arrivée de Schlick à Vienne en 1922, dans le but de discuter de problèmes de philosophie des sciences et de méthodologie, mais également de problèmes politiques, sans avoir le souci de répandre une doctrine quelconque.

Ce mouvement est né à Vienne, dont l'atmosphère scientifico-philosophique était dominée par l'empirisme, d'une part et le logicisme, de l'autre. Schlick, à la suite de L. Boltzmann, succéda à la chaire d'histoire et théorie des sciences inductives, occupée par Ernst Mach jusqu'en 1901, et créa un cercle de discussion autour de lui, constitué d'étudiants mais aussi de savants, tels que Karl Menger, Kurt Gödel, Theodor Radakovic, Friedrich Waismann, Herbert Feigel, Otto Neurath, Edgar Zilsel, Rudolf Carnap, Victor Kraft, Felix Kaufmann, Hans Hahn …

Ce groupe était d'abord remarquable par son hétérogénéité et son interdisciplinarité; ce qui explique que les membres du Cercle de Vienne n'étaient pas du tout réunis sous la bannière d'une philosophie, qui aurait été uniformément

---

au gouvernement ma destitution officielle, pour y (cours) avoir proclamé la nécessité de dégager aujourd'hui la morale de toute intervention religieuse ».

1. À partir de 1924 plus exactement.

adoptée par chacun d'entre eux. Ils étaient plutôt intéressés par les échanges et les discussions autour de problèmes théoriques et pratiques. Ce qui les réunissait était proprement l'adoption d'une méthode d'analyse, inspirée de celle utilisée par Frege et Russell et qui a fait, d'ailleurs, de leur philosophie l'une des premières figures de la philosophie analytique.

Ce *Cercle de Vienne*, ou peut-être plus exactement, ce Cercle de Schlick, devenu ainsi un mouvement philosophique des plus importants entre les deux guerres, avait reçu différentes appellations dont celles de *Néo-positivisme* ou *Néo-empirisme* ou encore *Positivisme logique*, malgré la réticence de la quasi totalité des membres du Cercle. À ce sujet, Schlick lui-même trouvait que la désignation de «consistent empiricism» était beaucoup plus appropriée à leur tendance dite positiviste[1]. D'autres appellations telles que *Wissenschaftlische Weltauffassung* (*Conception scientifique du monde*), *Auffassungen des Wiener Kreises* (*Conceptions du Cercle de Vienne*) – ou encore *Physicalisme* n'avaient pas pu faire l'unanimité, non plus.

Toujours est-il que ces différentes appellations étaient préférées à celle de positivisme, afin que le mouvement ne puisse pas être associé au positivisme de Comte, que les membres du Cercle de Vienne tenaient pour un dogmatisme inacceptable, alors que leur but était de faire de la philosophie une discipline scientifique opposée à tout «spéculationisme» et à toute forme de dogmatisme.

---

1. Voir M. Schlick, *Positivism and Realism*, dans A.J. Ayer, *Logical positivism* (1959), Westport-Connecticut, Greenwood Press, 1978 ou dans *Philosophical Papers*, II, Dordrecht-Boston-London, Vienna Circle Collection, 1979.

Ce rejet du Comtisme nécessite une clarification et une appréciation à sa juste valeur de ce qu'est la philosophie positiviste. Pour ce faire, il sera alors opportun de préciser :

1) ce qui pourrait réunir le Comtisme et l'empirisme logique dans leurs programmes et méthodes,

2) ce qui les distingue dans ces mêmes programmes, et

3) ce qui, peut-être, les oppose carrément.

Une première lecture de ces deux philosophies fait, sans aucun doute, émerger des principes et objectifs communs. C'est ainsi qu'aussi bien Comte que les positivistes logiques ont incontestablement combattu toute forme de métaphysique et de théologie, en vue de l'adoption d'une méthode ou d'une attitude positive. Les deux philosophies se sont alors déclarées empiristes, en ce sens que ce n'est qu'en s'intéressant à ce qui est observable, que l'on peut échapper à tout dérapage intellectuel. Par ailleurs, la concrétisation de cette philosophie passe par la réalisation d'une unité de la science ou d'une systématisation de la science. Ces deux points se rejoignent dans une conception non spéculative de la philosophie.

Pour mesurer l'étendue des convergences et divergences entre les deux mouvements, il serait intéressant d'étudier leurs manières de s'opposer à toute spéculation, et surtout le développement, les implications et l'aboutissement de leur philosophie.

Il est à noter qu'étant donné que le positivisme logique ne constitue pas un mouvement unifié, je serai obligée de m'intéresser souvent à un auteur en particulier. Mon choix, qui s'est fixé sur Carnap, s'explique parce qu'il est celui qui s'est peut-être le plus investi pour tenter de montrer la possibilité d'unifier les sciences et celui qui a le plus défendu la conception d'une philosophie de type scientifique, en s'opposant à toute forme d'obscurantisme.

LA PHILOSOPHIE POSITIVE ET LA PHILOSOPHIE POSITIVISTE

Le point de départ du projet de Comte consiste dans son refus que la philosophie puisse être une pensée universelle, parce que la pensée concerne le réel et non l'esprit. Il voulait ainsi rompre avec la tradition philosophique, à savoir avec toute prétention à une philosophie systématique ou universelle. En effet, pour lui, la seule possibilité dont nous disposons pour atteindre l'unité et l'universalité ne peut concerner que le réel; par conséquent, seule la science peut prétendre à l'universalité. Sur ce point, le projet des positivistes logiques rejoint tout à fait celui de Comte, en ce sens qu'ils 1) refusent toute forme de spéculation, dans la mesure où aucune connaissance et aucun langage ne peut prétendre dépasser le réel, et 2) projettent, par là même, de constituer une unité scientifique pouvant être caractérisée d'universelle et qui exclurait toute forme d'investigation extra-empiriste. Autrement dit, le refus de toute spéculation débouche sur une unification des sciences, en rapport avec une nouvelle conception de la philosophie positive (Comte) ou positiviste (Cercle de Vienne). Il nous faudra, bien entendu, déterminer la manière dont ce projet pourra se constituer, ainsi que le but d'une unité de la science.

Pour définir la philosophie positive chez Auguste Comte, on peut mettre l'accent sur trois points fondamentaux.

Il oppose l'esprit positif à la métaphysique et à la théologie, tout en en faisant des étapes naturelles et nécessaires au développement de l'esprit humain. Celui-ci est le résultat d'un processus et d'un avènement historique pour Comte. Nous ne partons pas d'une table rase et ne bâtissons pas nos connaissances à partir de rien, mais nous les construisons sur des pseudo-connaissances. Il rend, d'ailleurs, souvent hommage à certains de ses prédécesseurs, tels que Bacon,

Descartes ou Galilée, qui ont permis à la philosophie et à la connaissance de se dépouiller de la théologie et de la métaphysique[1]. Il leur reconnaît avoir fait un grand pas vers le positivisme qui consiste dans une espèce de purification et d'assainissement de notre manière d'expliquer le réel, auquel ils n'ont pas encore accédé. S'ils s'en approchent, c'est parce que grâce à eux, et en particulier à Bacon, il devient établi que toute connaissance commence par *l'expérience*. On peut dire que l'empirisme est la dernière étape vers la philosophie positive.

Ainsi, « l'observation des faits a été unanimement reconnue comme la seule base solide de toute spéculation raisonnable »[2]. L'opposition à une pensée de type spéculatif ou métaphysique se fait donc par l'adoption de l'empirisme et d'une conception unique et uniforme de la connaissance. Cette pensée est proprement la philosophie positive.

La connaissance, qui ne peut porter sur autre chose que sur des faits, établit les relations « constantes » entre eux. Elle est ainsi nécessairement scientifique au sens strict du terme. Cette conception de la connaissance comme ne pouvant pas dépasser l'expérience, sous peine de tomber dans le non-sens, semble rappeler plus celle de Kant que celle des néopositivistes, en ce sens que ces derniers ne justifient pas leur point de vue par le fait que nos facultés, et en particulier la raison, sont limitées. Pour les néo-positivistes, il n'y a rien en dehors de ce dont on ne peut faire l'expérience directement ou indirectement. Il n'y a pas d'énigme dans la mesure où il n'y a rien au dessus de ce à quoi nos facultés nous permettent d'accéder.

1. A. Comte, *Cours de philosophie positive*, Paris, Garnier, 1926, t. 1, 1re leçon, p. 35.
2. A. Comte, *Premiers cours de philosophie positive* (1830), Paris, PUF, 2007, p. 39.

Pour dire les choses autrement et contrairement à ce que Wittgenstein affirmait dans le *Tractatus*, il n'y a pas d'indicible ou d'ineffable ou encore de non-connaissable.

À partir de ces trois remarques, on peut alors dire que le Comtisme est empiriste à double titre, dans la mesure où il s'oppose à la spéculation et dans la mesure où toute connaissance et toute réflexion doivent porter sur les faits. Toutefois, Comte rejette, en même temps, l'empirisme et il dit s'y opposer, parce que les mathématiques sont clairement le modèle de l'esprit positif pour lui. Il relève que la philosophie positive avait jusqu'ici concerné uniquement les mathématiques et l'effort de ses prédécesseurs consiste précisément à avoir essayé d'appliquer la même méthode aux phénomènes naturels, à savoir les phénomènes astronomiques, physiques, chimiques et physiologiques. C'est donc dans l'application et l'extension de la méthode mathématique à d'autres domaines que consiste la naissance de la philosophie positive. En effet, «bornée, dans les temps antérieurs, aux seules questions mathématiques, [elle] s'est dès lors successivement étendue à tous les ordres principaux des phénomènes naturels, selon le degré de simplicité de leur étude, c'est-à-dire aux phénomènes astronomiques, physiques, chimiques et physiologiques»[1]. Comte s'attache à l'idée développée, dès la naissance de la physique moderne, selon laquelle toute discipline désireuse d'atteindre des résultats «admirables» et «permanents» doit suivre la voie des mathématiques.

Comment définit-il la philosophie positive?

Dans la préface de son *Cours*, il explique qu'il utilise le terme *philosophie* dans le sens aristotélicien, c'est-à-dire comme «désignant le système général des conceptions

---

1. A. Comte, *Premiers cours de philosophie positive*, *op. cit.*, p. 39.

humaines », mais en même temps, il précise qu'il est essentiel de qualifier ce système de « positif ». En effet, dit-il,

> en ajoutant le mot *positive*, j'annonce que je considère cette manière spéciale de philosophie qui consiste à envisager les théories, dans quelque ordre d'idées que ce soit, comme ayant pour objet la coordination des faits observés, ce qui constitue le troisième et dernier état de philosophie générale, primitivement théologique et ensuite métaphysique… [1].

On peut ainsi donner à « positif » une première signification, celle de post-théologico-métaphysique. C'est ce qui explique que le terme de philosophie, chargé de la seule signification traditionnelle, n'aurait pas convenu à Comte. Bien que marquant un progrès vers sa conception de la philosophie positive, l'appellation de *philosophie naturelle* à la Newton, qui désigne l'ensemble des sciences d'observation dans les détails de leur spécialité, ou encore celle de *philosophie des sciences* ne lui auraient pas convenu non plus, car toutes les deux ne sont pas encore parvenues à considérer les phénomènes sociaux en appliquant la même méthode que celle des sciences de la nature. On peut dire alors que de la même manière que l'adoption de l'empirisme constitue le point de départ de la philosophie positive, l'intérêt pour les faits sociaux en est le point d'arrivée.

En effet, le principal apport et complément de Comte à ces prédécesseurs revient à l'idée que la science politique n'est pas différente des autres sciences. Selon *Le système de politique positive*,

> il faut regarder la science politique comme une physique particulière, fondée sur l'observation directe des phénomènes

---

1. A. Comte, *Premiers cours de philosophie positive*, *op. cit.*, p. 51.

relatifs au développement collectif de l'espèce humaine, ayant pour objet la coordination du passé social, et pour résultat la détermination du système que la marche de la civilisation tend à produire aujourd'hui… Cette physique sociale est évidemment aussi positive qu'aucune autre science d'observation. Sa certitude intrinsèque est tout aussi réelle. Les lois qu'elle découvre satisfaisant à l'ensemble des phénomènes observés, leur application mérite une entière confiance [1].

Toutefois, il faut bien distinguer la philosophie positive des sciences positives, car elle étudie uniquement et proprement les « généralités des différentes sciences, conçues comme soumises à une méthode unique, et comme formant les différentes parties d'un plan général de recherches ». La philosophie positive n'est donc pas une science. Ce point est très important et se retrouve également dans la philosophie néo-positiviste, dans laquelle science et philosophie sont clairement distinguées, malgré leurs relations étroites.

Ce que j'appellerai « la positivité », afin de la distinguer du positivisme, est le résultat de ce que Comte tient pour une loi fondamentale de l'esprit, qu'il dit avoir déduit de l'histoire de l'humanité et également de l'observation de l'évolution des individus. Cette loi s'applique effectivement aussi bien à l'humanité qu'aux individus, aussi bien à l'esprit qu'aux différentes sciences. Selon cette loi des trois états, l'esprit adopte successivement « trois sortes de systèmes généraux de conceptions sur l'ensemble des phénomènes, qui s'excluent mutuellement » [2], à savoir un système théologique, auquel succèdera un système métaphysique, lequel sera remplacé définitivement par l'état positif.

1. A. Comte, *Le système de politique positive*, Paris, Librairie des ponts et chaussées et des mines, E. Thunot et Cie, 1854, t. IV, p. 130.

2. A. Comte, *Cours de philosophie positive, op. cit.*, t. 1, p. 5.

Comment cette évolution se fait-elle ?

Comte ne reviendra jamais sur cette loi de l'évolution intellectuelle des individus et de l'humanité, en quelque sorte, fondatrice de sa philosophie. Il la considère comme tout à fait justifiée car elle est le résultat de l'observation historique. On ne peut donc la considérer comme un dogme. Dans le *Discours sur l'ensemble du positivisme*, il reprend l'explication de cette loi, même si elle est moins mise en valeur que dans ses premiers écrits, car d'une part, elle est connue et considérée comme acquise et d'autre part, il était à cette période (1848) passé à la seconde étape de sa philosophie, plus dogmatique, nous le verrons, que la première. La succession des trois étapes ou états de l'humanité a été énoncée dès 1822 dans le plan du *Cours*, puis il en fait une loi en 1825 (*Considérations philosophiques sur les sciences et les savants*) et l'expose longuement dans ses premières leçons.

Dans les deux premiers états, l'esprit reste en dessous des questions scientifiques. On peut dire que ce sont des états au cours desquels l'esprit se pose des questions qu'il ne peut résoudre, et auxquelles il ne peut donner aucune réponse, en ce sens qu'il recherche la connaissance de l'absolu dans celle des causes essentielles. Toutefois, cette recherche de l'absolu demeure pour lui naturelle et spontanée, elle répond à un « besoin primitif »[1], qu'il qualifie d'anthropomorphique également. Cette caractéristique est illustrée, en particulier, par le fétichisme, qui consiste « à attribuer à tous les corps extérieurs une vie essentiellement analogue à la nôtre » avec seulement plus de puissance et d'énergie. La continuité évolutive de l'intelligence humaine, que Comte soutient tout au long de sa réflexion, s'explique par le fait que cet état est proche de l'état

---

1. A. Comte, *Discours sur l'esprit positif* (1844), Paris, Vrin, 2003, p. 43.

animal, ou plus exactement de celui des animaux supérieurs[1]. Le polythéisme constitue une avancée dans l'esprit humain, puisque la vie est retirée aux objets matériels pour être attribuée à des êtres fictifs. L'imagination prend ainsi le dessus sur le sentiment et l'instinct. Il faut remarquer que chaque étape est elle-même composée de trois états (Comte distingue, par exemple, dans l'état polythéiste l'étape égyptienne, grecque et romaine). La troisième phase de l'état théologique voit l'imagination remplacée peu à peu par la raison et le sentiment de l'universel, avec l'avènement du catholicisme en particulier. Ce qui explique, que le Moyen Âge n'est pas du tout perçu comme une période obscurantiste de l'histoire de l'humanité. Pour lui, on ne peut qualifier la période qui a vu naître les travaux de Bacon et Dante, parmi d'autres, d'obscurantiste.

Le premier état ou état théologique englobe donc aussi bien le fétichisme et l'adoration des astres que le polythéisme et le monothéisme. C'est une étape primitive de l'humanité qui est préscientifique, naturelle et même « indispensable » à la formation morale et sociale mais donc sans doute à dépasser. Le dépassement de cet état primitif vers un état positif passe par une étape intermédiaire : l'état métaphysique qui est une sorte de passage ou de pont entre les deux états – primitif et définitif – de l'humanité. Comte ajoute même que l'état métaphysique est plus proche du premier que du dernier ; cette

---

1. A. Comte, *Discours sur l'esprit positif*, *op. cit.*, p. 46. Dans une note, A. Petit, fait remarquer que Comte « rejette explicitement ce qu'il appelle "l'irrationnelle notion des races" (Système, II, p. 449), mais il continue pourtant à distinguer "trois principales races" qu'il caractérise comme des "variétés" personnifiant "les trois aspects essentiels de notre nature" (Système, II, p. 461 *sq.*, III, p. 193) et il propose "une théorie sociologique des races humaines" (Système, IV, p. 511 *sq.*) ». Des critiques peuvent être faites à l'encontre de la cohérence de cette théorie évolutionniste de l'intelligence.

deuxième étape a plus d'affinité avec l'état primitif[1] qu'avec l'étape positive à cause du fait qu'on continue à y rechercher l'absolu, l'explication de la nature «intime» des êtres, ainsi que l'«origine et [la] destination de toutes choses». La seule différence consiste dans le fait que ce ne sont plus des agents surnaturels mais des entités abstraites qui expliquent les choses. Ces dernières sont «des abstractions personnifiées» et c'est en ce sens que la métaphysique est appelée aussi «onto-logie». Bien que cette étape ait moins d'emprise sociale que la première, elle en constitue le déclin, en ce sens qu'elle réussit à éliminer peu à peu «l'intervention des causes naturelles» et prépare l'essor de la physique. Mais elle oscille quand même entre les deux états et demeure plus proche de la spéculation que de l'observation. Comte en parle comme d'une «maladie chronique» de notre évolution mentale, longue à guérir, mais dont il est possible de guérir définitivement par l'accès à «un état de positivité rationnelle».

Quelle en est sa principale caractéristique? Dans cette dernière étape de l'évolution de l'intelligence humaine, les efforts de l'esprit se concentrent sur l'observation; ce qui se traduit par le renoncement à la spéculation. En effet, l'obser-vation constitue «la seule base possible des connaissances vraiment accessibles, sagement adaptées à nos besoins réels»[2]. L'observation nous permet de raisonner sur des preuves et d'éviter les «débats sans issue». La règle fonda-mentale est désormais que «toute proposition qui n'est pas strictement réductible à la simple énonciation d'un fait, ou particulier ou général, ne peut offrir aucun sens réel ou

---

1. A. Comte, *Discours sur l'esprit positif, op. cit.*, p. 57.
2. *Ibid.*, p. 65.

intelligible » [1]. L'efficacité scientifique se trouve dans l'accord avec les faits.

La conception de la science et du positif rejoint le sens plus moderne du positivisme, puisque dans les deux philosophies, il s'agit de ne pas se poser des questions qu'on ne peut résoudre. Toutefois pour Comte, l'avènement de la bonne méthode se fait d'une manière naturelle : lorsque la raison humaine est assez mûre pour renoncer aux recherches inaccessibles et se concentrer sur les domaines accessibles à nos facultés, la philosophie positive lui procure satisfaction. L'intelligence suivrait un itinéraire naturel et spontané lui permettant de se poser des questions d'une manière différente, sans recourir à l'absolu. Chaque étape prépare les conditions de l'évolution de l'esprit vers l'étape postérieure.

La maturité de l'intelligence est donc le résultat d'un processus naturel. C'est ainsi que, selon Comte,

> la pure imagination perd alors irrévocablement son antique suprématie mentale et se subordonne nécessairement à l'observation, de manière à constituer un état logique pleinement normal, sans cesser néanmoins d'exercer, dans les spéculations positives, un office aussi capital qu'inépuisable, pour créer ou perfectionner les moyens de liaison, soit définitive, soit provisoire.

L'observation s'allie alors à la logique, puisque l'état positif va remplacer l'explication des causes, qui est en réalité inaccessible, par la recherche des lois, « c'est-à-dire des relations constantes qui existent entre les phénomènes observés » [2]. La recherche des causes, que Comte qualifie de « sublimes mystères » ne peut être qu'interdite à la raison. Il aime prendre

---

1. A. Comte, *Discours sur l'esprit positif, op. cit.*, p. 66.
2. *Ibid.*, p. 66.

des exemples tirés de l'astronomie, laquelle est la science la plus simple. Ainsi, bien que les phénomènes soient expliqués par la loi de la gravitation newtonienne, on ne cherche pas à déterminer ce que sont l'attraction et la pesanteur, qui nous sont familières. La philosophie positive n'essaie pas d'en déterminer les causes profondes, d'ailleurs toutes les tentatives d'explication de ces deux phénomènes – que sont l'attraction et la pesanteur – se renvoient dos à dos. La recherche des causes est « inaccessible » et « vide de sens ». La différence entre la recherche des causes et celle des lois est que la première ne peut que faire « reculer la difficulté », alors que la seconde analyse « avec exactitude les circonstances de [la] production » des phénomènes et les rattache « les unes aux autres par des relations normales de succession et de similitude »[1].

Comte insiste sur le fait qu'il ne faut pas confondre science et observation et c'est en établissant des relations logiques entre les phénomènes que l'empirisme peut être dépassé. La science ne peut se contenter d'être une accumulation de faits. Il faut relier les faits entre eux en établissant des hypothèses. C'est en ce sens que l'état positif voit l'imagination subordonnée à l'observation. Il en fait d'ailleurs « la première condition fondamentale de toute saine spéculation scientifique »[2]. Les faits sont ainsi « des matériaux », certes « indispensables », mais il critique l'empirisme autant que le mysticisme et précise que l'avantage de l'esprit positif est de pouvoir remplacer l'exploration directe par des prévisions rationnelles[3]. La science n'est pas une simple « érudition » qui ne permet pas de

---

1. *Cf.* A. Comte, *Cours de philosophie positive*, *op. cit.*, 1re leçon, p. 8.
2. A. Comte, *Discours sur l'esprit positif*, *op. cit.*, p. 71.
3. *Ibid.*, p. 73.

déduire les faits les uns des autres. D'où la célèbre formule de Comte : « le véritable esprit positif consiste surtout à voir pour prévoir, à étudier ce qui est afin d'en conclure ce qui sera, d'après le dogme général de l'invariabilité des lois naturelles » [1]. Dans une note de la première leçon, Comte recommande ce qu'il appelle « le précieux ouvrage de Mill », à savoir *Système de logique*. Il faut noter que Mill, qui vouait une grande admiration à Comte, se démarquera de lui par la suite au point de supprimer les références qu'il avait faites à sa philosophie et à sa méthode dans la première édition de son livre. Dans son livre, *A. Comte et le positivisme* (1865), Mill continuera à lui rendre hommage sur certains points, mais, par ailleurs, il sera extrêmement critique, dans des termes assez durs, vis-à-vis de l'évolution de la philosophie positive comtienne vers le positivisme.

Cette évolution de l'esprit humain en trois états ou étapes se retrouve également au niveau individuel. Autrement dit, l'évolution propre de chaque esprit passe par ces mêmes étapes, c'est-à-dire que chaque individu se pose d'abord des questions auxquelles il donne des réponses de type théologique, puis métaphysique et enfin positif. Pour Comte, c'est une constatation que chacun peut faire.

> Chacun de nous, en contemplant sa propre histoire, ne se souvient-il pas qu'il a été successivement, quant à ses notions les plus importantes, *théologien* dans son enfance, *métaphysicien* dans sa jeunesse, et *physicien* dans sa virilité ? [2].

Remarquons que l'argumentation et la démonstration de Comte ne sont pas très convaincantes et il est même assez aisé d'en constater le caractère irréaliste.

---

1. A. Comte, *Discours sur l'esprit positif, op. cit.*, p. 74.
2. A. Comte, *Cours de philosophie positive, op. cit.*, p. 12.

Peut-on parler vraiment d'une justification de cette loi ? Il semble, en effet, que cette loi relève plutôt du dogmatisme et Comte parle toujours d'évidence, de processus naturel et inévitable, même si en même temps, il essaie de la justifier par l'observation directe. On peut légitimement se demander de quelle observation il s'agit et dans quelle mesure elle peut donner lieu à une loi fondamentale, qui s'appliquerait, de surcroît, aussi bien à chaque individu qu'à l'espèce.

Il faut tout de même relever que Comte essaie d'ajouter ce qu'il qualifie de « considérations théoriques » qui « font sentir » la nécessité de cette loi. Il y a pour lui une nécessité logique à passer d'une étape à l'autre ; il s'agit d'un développement intellectuel nécessaire et spontané au point qu'il « est impossible d'imaginer par quel autre procédé notre entendement aurait pu passer des considérations franchement surnaturelles aux considérations purement naturelles, du régime théologique au régime positif »[1].

Ainsi, en se fondant sur un évolutionnisme plus ou moins convaincant, Comte entend par « positif » la troisième étape d'un processus de développement de l'intelligence individuelle et humaine et il en fait le synonyme de scientifique et d'opposé à spéculatif en général. À ce propos, Schlick avait, d'ailleurs, déclaré qu'il pourrait accepter l'appellation de positiviste, à condition qu'elle soit synonyme de négation de la métaphysique[2]. Mais, il est évident que si ce dépassement de la métaphysique constitue le seul point d'accord entre les deux mouvements, ce rapprochement serait bien mince, d'autant plus qu'il concerne bien d'autres philosophies.

1. A. Comte, *Cours de philosophie positive*, *op. cit.*, 1re leçon, p. 26.
2. M. Schlick, « Positivism und Realismus », *Erkenntnis*, 3, 1932, trad. angl. *Positivism and Realism*, *op. cit.*

Précisons maintenant en quoi consiste la philosophie pour les néopositivistes.

On attribue souvent au positivisme logique une thèse exclusivement négative qui consiste à vouloir se débarrasser de toute métaphysique et plus exactement de toute spéculation ou activité intellectuelle non scientifique. Cette thèse n'a eu de cesse d'être critiquée par ceux qui confondent philosophie et métaphysique, bien que, comme le fait remarquer Schlick [1], les empiristes logiques n'aient pas l'exclusivité de la critique de la métaphysique, celle-ci avait déjà connu bien d'autres assauts dans l'histoire de la philosophie, peut-être moins outillés et donc moins efficaces, ce qui pourrait expliquer les critiques.

Comme pour Comte, la philosophie traditionnelle devra céder la place à une philosophie de type positif ou scientifique, laquelle est le résultat de tout un processus historique. En effet, dans l'une de ses interventions au congrès de philosophie scientifique de 1935, intitulée justement *De la théorie de la connaissance vers la logique de la science* (*Von der Erkenntnistheorie zur Wissenschaftslogik*) [2], Carnap retrace les étapes de l'avènement de la philosophie scientifique. La première étape consiste à dépasser toute philosophie spéculative et toute métaphysique dans le but de réaliser une théorie de la connaissance. C'est de cette manière que la philosophie s'émancipe en devenant théorie de la connaissance. La seconde étape est liée à la première, puisqu'elle consiste à surmonter le synthétique *a priori* dont la philosophie spéculative est justement constituée.

---

1. M. Schlick, *L'école de Vienne et la philosophie traditionnelle*, dans *Actualités scientifiques et industrielles*, t. IV, Paris, Hermann, 1937.

2. R. Carnap, *Von der Erkenntnistheorie zur Wissenschaftslogik*, dans *Congrès international de philosophie scientifique*, Paris, Hermann, 1936, trad. fr. *De la théorie de la connaissance vers la logique de la science*, dans *L'âge d'or de l'Empirisme logique*, Paris, Gallimard, 2006.

Ce qui permet l'avènement d'une théorie de la connaissance de type empiriste. Ces deux premières étapes montrent effectivement la tendance empiriste du mouvement, dans la mesure où toute connaissance ne peut venir que de l'expérience et que la vérité, comme l'ont montré Wittgenstein et Russell, n'est pas *a priori*.

Ce sont des groupes empiristes ou positivistes qui ont permis l'avènement d'une théorie empiriste de la connaissance, laquelle devra, toutefois, être purifiée de tout élément psychologique en se référant uniquement au langage et plus exactement à la logique du langage. Cette purification de la théorie de la connaissance permet d'accéder à l'étape suivante, qui consiste dans la logique de la science, comme le précise Carnap en affirmant : « la mission de notre travail actuel me semble être uniquement dans le passage de la théorie de la connaissance vers une logique de la science »[1]. Cette logique de la science pourra permettre l'élimination « des maladies » du langage et enfin de passer à l'étape suivante, selon Neurath, à savoir celle de l'unité de la science. Carnap retrace les étapes de la naissance d'une nouvelle philosophie, mais son explication n'a rien d'une théorie. Reichenbach également explique dans « L'empirisme logique et la désagrégation de l'*a priori* »[2] que la science moderne, depuis la *Renaissance*, a favorisé la naissance d'une nouvelle méthode qui consiste à questionner empiriquement la nature et à exprimer les données obtenues en utilisant un langage mathématique. C'est, d'après lui, à cette double méthode que revient le succès de la science. Ce développement des sciences s'accompagne d'un développement

1. R. Carnap, *De la théorie de la connaissance...*, *op. cit.*, p. 36.
2. H. Reichenbach, *L'empirisme logique et la désagrégation de l'a priori*, dans *Actes du colloque international de philosophie scientifique*, Paris, Hermann, 1936, p. 28-29.

philosophique. La philosophie a effectivement connu les écoles rationalistes et empiristes; mais cette différence s'est estompée pour devenir une union après la désagrégation de l'*a priori* kantien.

Pour Carnap, le Comtisme se situerait dans la seconde période et sa philosophie serait sur la voie du positivisme, sans être elle-même positiviste ou scientifique. Il s'agirait d'une théorie de la connaissance empiriste. Comte serait pour Carnap ce que Bacon, Galilée et Descartes étaient pour Comte.

Comme pour Comte, la philosophie n'est pas une science, et les néopositivistes ont beaucoup insisté sur ce point, en particulier Schlick. Cette nouvelle philosophie est dite scientifique, en tant qu'elle s'oppose à la philosophie qui se voit « vouée à d'éternelles disputes », comme l'avaient déjà fait remarquer aussi bien Leibniz que Kant, en proposant des solutions, bien sûr, différentes. Si la philosophie est souvent *vouée à d'éternelles disputes*, c'est parce qu'elle veut résoudre, soit des pseudo problèmes, soit des questions qui appartiennent au domaine de la science. En d'autres termes, la philosophie à laquelle les membres du *Cercle de Vienne* s'opposent est celle qui choisit mal son objet d'investigation, soit parce qu'il n'existe tout simplement pas et ne concerne rien de réel dont on puisse parler, soit parce qu'elle usurpe son objet à la science, la seule qui soit apte à traiter du réel. Sur ce plan les positivistes logiques semblent tout à fait en accord avec Comte, si ce n'est que pour lui, l'intelligence humaine n'est pas capable d'accéder aux causes profondes et de traiter d'une certaine catégorie d'objet ou de questions, alors que pour les néopositivistes, il n'y a rien au delà du dicible et donc du connaissable.

Par ailleurs, il faut relever que leurs conceptions de la philosophie diffèrent également, puisque pour Comte, la philosophie considère les généralités de chaque discipline,

alors que pour Carnap, elle prend pour objet la science elle-
même ou plus exactement la science en tant que langage, en
tant que système de propositions, et pour méthode « l'analyse
logique de ses notions, de ses propositions, de ses théories, de
ses démonstrations »[1]. Comme le précise Schlick, « la philosophie n'est pas un système de propositions, elle n'est pas une
science »[2]. Il peut, en effet, sembler paradoxal que ceux qui
insistent pour distinguer la philosophie de la science parlent en
même temps de philosophie scientifique. En d'autres termes,
si le pivot ou les racines de cette philosophie néopositiviste
résident dans l'idée que la philosophie doit cesser de vouloir se
confondre avec la science en prétendant donner des informa-
tions sur le réel, comment une philosophie qui répond à cette
exigence peut-elle être scientifique ?

L'avènement d'une philosophie qui se dit scientifique est
certainement lié à la critique de la métaphysique. Carnap
était, peut-être, celui, parmi les membres du cercle, qui avait le
plus lutté contre la métaphysique. Ceci s'explique en partie,
comme le fait remarquer Quine, par « une répulsion naturelle
pour l'obscurantisme et l'irresponsabilité des courants euro-
péens de l'époque »[3], en plus de l'influence du *Tractatus* de
Wittgenstein, dont la proposition 4.112 a souvent été reprise,
notamment par Schlick, expliquant clairement que

> le but de la philosophie est la clarification logique des pensées.
> La philosophie n'est pas une théorie mais une activité. Une
> œuvre philosophique se compose essentiellement d'éclaircis-

---

1. L. Rougier, Allocution inaugurale, *Congrès international de
philosophie scientifique*, Paris, Hermann, 1936.

2. M. Schlick, *Die Wende der Philosophie*, dans H. Schleichert, *Logischer
Emirismus – Der Wiener Kreis*, München, W. Fink Verlag, 1975.

3. W.V. Quine, *Le combat positiviste de Carnap*, dans *Le Cercle de
Vienne, doctrines et controverses*, Paris, Klincksiek, 1986, p. 170.

sements. Le résultat de la philosophie n'est pas de produire des
« propositions philosophiques », mais de rendre claires les
propositions. La philosophie doit rendre claires, et nettement
délimitées, les propositions qui autrement sont, pour ainsi dire,
troubles et confuses [1].

Par conséquent, si la philosophie est une activité mentale
de clarification des idées, cela implique, en même temps, que
cette nouvelle philosophie d'inspiration scientifique n'est pas
elle-même une science, même pas au sens d'épistémologie. En
d'autres termes, et selon la conception schlickéenne, dans
Allgemeine Erkenntnislehre [2] déjà, la philosophie est certes
une théorie de la connaissance, en ce sens qu'elle est une
analyse des concepts et des principes de la connaissance, mais
ce serait une erreur de croire que cette théorie de la connaissance pourrait se transformer et donner naissance à une
science que l'on appellerait « épistémologie ». Comme pour
Comte, ce n'est ni une philosophie des sciences, ni une
science, mais une « *Erkenntnislehre* ».

La philosophie s'occupe ainsi d'énoncés déjà établis et
n'en constitue pas d'autres. Elle se meut, selon l'expression de
Schlick [3], dans le domaine du possible et non dans celui du réel,
en ce sens que la différence essentielle entre la science et la
philosophie consiste dans le fait que cette dernière ne s'intéresse qu'au sens, lequel se définit, dans la lignée du *Tractatus*
de Wittgenstein, comme ce qui est possible, par opposition à

1. M. Schlick, *The future of philosophy*, dans *Philosophical Papers*,
op. cit., t. II, p. 171.

2. M. Schlick, *Allgemeine Erkenntnislehre*, Berlin, Verlag von Julius
Springer, 1918 et 1925.

3. Voir Schlick, *Die philosophische Fragestellung*, dans *Die probleme der
Philosophie in ihrem Zusammenhang*, Frankfurt a.M., Suhrkamp Taschenbuch,
1986, p. 74.

tout ce qui est métaphysique et qu'on ne peut envisager de soumettre à une vérification ou à une élucidation quelconques.

Les qualificatifs de « scientifique » et de « positiviste » expriment donc clairement et strictement le combat contre la métaphysique (ou plus exactement une certaine métaphysique), qui s'oppose tellement aux langages doués de sens, que « l'empiriste ne dit pas au métaphysicien : "vos mots assertent quelque chose de faux", mais "vos mots n'assertent rien du tout !". Il ne contredit pas le métaphysicien, mais lui dit : "Je ne vous comprends pas" » [1]. Comme l'a fait remarquer Ayer, l'originalité du positivisme logique, c'est d'avoir fait dépendre l'impossibilité de la métaphysique, non pas de la nature de ce qui peut être connu, mais de ce qui peut être dit. Dans la lignée de Wittgenstein, les néopositivistes ont insisté pour faire de la métaphysique un non-sens, consistant à croire que l'on peut exprimer l'indicible, c'est-à-dire ce qui dépasse les limites de l'expérience. Les limites de la pensée sont les limites du monde. Cette idée constitue une grande différence entre le Comtisme et le positivisme logique.

Il faut noter que la philosophie scientifique est au départ un concept russellien repris par Carnap. Pour les deux philosophes, la philosophie scientifique avait en quelque sorte pour ambition d'étendre le logicisme de Frege et Russell, c'est-à-dire d'appliquer la méthode analytique et l'analyse logique à un autre domaine que les mathématiques. Sur ce point, les néopositivistes s'accordent avec Comte, lequel reconnaît à ses prédécesseurs d'avoir fait un pas vers la philosophie positive, parce qu'ils ont étendu la méthode mathématique au-delà des phénomènes naturels et des sciences de la matière. C'est en ce sens que cette philosophie fait partie de la première étape de la

1. M. Schlick, *Positivism and Realism*, *op. cit.*, p. 284.

philosophie analytique, qui s'est intéressée à la théorie de la connaissance, mais plus globalement à la question du sens et du dicible. Les conférences de Russell, réunies sous le titre de *La méthode scientifique en philosophie* [1] et les préfaces de *La construction logique du monde* [2], ainsi que *Le dépassement de la métaphysique par l'analyse du langage* [3] de Carnap sont très claires à ce sujet.

La principale caractéristique du positivisme logique consiste dans l'usage de l'outil logique, et plus particulièrement dans la relation de la logique mathématique à l'empirisme. C'est Russell, le premier, influencé par les travaux de Whitehead, qui a tenté d'appliquer cette méthode à la philosophie et plus spécialement à la théorie de la connaissance, en proposant dès 1914 un programme réductionniste, qui consiste à remplacer l'inférence par la construction. D'ailleurs dans son autobiographie, Carnap relève cette influence de Russell, au point que, dit-il, il avait l'impression que dans *Notre connaissance du monde extérieur*, il s'adressait à lui. À ceci s'ajoute l'adoption par les membres du Cercle de Vienne d'une nouvelle conception de la philosophie, comme activité, inspirée à la fois de Russell et surtout de Wittgenstein.

La seconde caractéristique du positivisme logique se trouve dans le critère de sens. L'élimination de la métaphysique et du spéculatif en général se fait par un critère clair. C'est un point important de distinction avec le Comtisme, car

---

1. B. Russell, *La méthode scientifique en philosophie*, Paris, Payot, 1971.

2. R. Carnap, *Der logische Aufbau der Welt*, Hamburg, Felix Meiner Verlag, 1961, trad. fr., *La construction logique du monde*, Paris, Vrin, 2003, trad. angl. *The logical construction of the world*, Berkeley-Los Angeles, University of California Press, 1976.

3. R. Carnap, *Le dépassement de la métaphysique par l'analyse logique du langage*, dans *Le Manifeste du Cercle de Vienne*, Paris, PUF, 1985.

pour Comte, ce dépassement se fait par un processus naturel et spontané et pour des raisons différentes dues à l'incapacité de nos facultés de traiter de tels problèmes. Pour les néopositivistes, les questions métaphysiques ne sont que des pseudo-problèmes qu'on peut ramener à de mauvais usages du langage, à savoir des maladresses grammaticales et logiques.

Ces deux caractéristiques justifient l'idée que la philosophie soit analyse du langage et le fait que l'alliance entre le logique et l'empirique se fasse par l'intermédiaire du critère du sens.

On peut dire que les deux philosophies, le Comtisme et le Positivisme logique, se rejoignent dans leur attitude anti-métaphysique, ainsi que dans l'application d'une méthode logique ou mathématique, dans la mesure où Comte explique que la philosophie positive se fonde sur les mathématiques et où Carnap définit la nouvelle philosophie en tant qu'activité adoptant une méthode d'analyse logique. L'adoption d'une nouvelle méthode aura pour but de réaliser une unité de la science, mais on peut d'ores et déjà annoncer que les deux projets ne seront pas similaires. Leurs conceptions d'un système de toutes les sciences seront différentes et l'objectif recherché ne sera également pas le même.

LA QUESTION DE L'UNITÉ DE LA SCIENCE

Les cours de philosophie positive, en particulier les deux premières leçons, vont expliquer en quoi cette unité est importante, et ce, en rapport avec ce que Comte appelle la philosophie et l'esprit positifs. Cette philosophie aura les mathématiques pour base, car elles constituent, à ses yeux, le fondement de toute connaissance qui se veut *objective*, parce qu'elles représentent toutes les ressources du raisonnement qui se doit d'être formel.

La thèse positive de Comte a tout d'abord une portée clairement sociologique et ethnologique, puisque « la philosophie positive est l'état définitif de l'intelligence humaine, et doit constituer désormais le véritable esprit général de la société moderne »[1]. Cet esprit est, par la suite, universel et unificateur. Comte refuse toute distinction entre les sciences de la nature et les sciences sociales et c'est en « s'emparant » des phénomènes sociaux en plus des phénomènes naturels que l'esprit peut revendiquer l'universalité. L'esprit positif va donc de pair avec la présentation unifiée de toutes les sciences et le dépassement de toute sectorisation des sciences. Plus exactement, Comte prône une présentation homogène des sciences positives, il s'agit d'une coordination entre les sciences, lesquelles doivent

> se résumer, se coordonner, c'est-à-dire, présenter toutes les sciences fondamentales comme soumises *à une méthode unique*, et formant malgré, la diversité nécessaire des principales lois naturelles, les différentes parties d'un corps de doctrines homogènes, au lieu de continuer à les concevoir comme autant de corps isolés[2].

Il semble ainsi que Comte envisage une unité méthodologique des sciences, permettant de les mettre en relation les unes avec les autres. Quels moyens va-t-il mettre en œuvre ?

Pour réaliser cette unité, il suffit, pour lui, de considérer les relations de chacune des sciences avec les autres sciences. C'est ce qu'il essaie de faire dans son cours : étudier « l'esprit » de chacune des sciences, autrement dit ses méthodes et ses

---

1. A. Comte, *Premiers cours de philosophie positive*, *op. cit.*, t. 1, p. 40.
2. *Ibid.*

résultats, puis considérer leurs relations les unes avec les autres. Ce qui était également le but de tous les principaux philosophes modernes de la science unitaire : Carnap, Neurath et Schlick, celui-ci expliquant, par exemple, que connaître c'est établir des relations avec ce qui est déjà connu, ce qui peut permettre effectivement d'établir des liens entre tous les concepts de la science. Toutefois, ces relations sont de type logique et linguistique pour les néopositivistes et elles sont naturelles pour Comte. Qu'est-ce que ce dernier entend par « relations naturelles » ?

La philosophie positive a un rôle essentiel dans la découverte des vérités, car elle permet d'abandonner la méthode psychologique. Si l'on suit plutôt la marche de notre entendement et que l'on en suit l'évolution réelle, il devient possible d'accéder aux « lois qui suivent dans leur accomplissement nos fonctions intellectuelles », à condition de sortir de l'isolement dans lequel se trouvent les sciences et qui ne peut que freiner leur avancement.

Le second but de la philosophie positive serait un but pédagogique, lequel consisterait dans la « réorganisation de notre éducation générale ». En effet, en coordonnant nos sciences en un seul « corps de doctrines », on arrive à dépasser les deux étapes précédentes : l'étape théologique et l'étape métaphysique. Selon Comte, la philosophie positive met fin à l'anarchie intellectuelle, l'ordre intellectuel étant, par ailleurs la source ou le moyen de l'organisation politique et sociale. C'est ce qui explique que le stade de la positivité est atteint lorsque la méthode positive intéresse aussi la sociologie, grâce à laquelle l'ordre socio-politique peut être défini.

L'unité de la science et donc la philosophie positive a ainsi un triple objectif : un but inventif, un but pédagogique, qui nous permet d'avancer et un but d'organisation sociale, les trois étant liés et le troisième étant le but ultime.

Comte va établir une hiérarchie rationnelle des sciences fondamentales. La première condition pour pouvoir la réaliser est la positivité de ces sciences. Ce qui doit être forcément atteint, sinon le projet ne pourrait pas réussir et serait voué à l'échec comme toutes les tentatives qui ont été faites jusqu'ici. Si le système est possible, c'est parce que ses parties sont homogènes. Il devient possible de classifier les sciences en montrant que les phénomènes traités par les différentes sciences dépendent les uns des autres. Comte considère la classification des sciences comme une entreprise encyclopédique. Elle ne considère que les sciences théoriques, car Comte s'intéresse uniquement aux « conceptions fondamentales sous les divers ordres de phénomènes » [1]. En effet, les sciences, comme on l'a vu, ne traitent que des phénomènes observables, ce qui permet de les répertorier en un petit nombre de catégories : l'astronomie, la physique, la chimie, la physiologie, auxquelles se joint la physique sociale. Toute connaissance est connaissance des lois reliant les phénomènes entre eux et si le lien entre les sciences peut s'établir, c'est parce que « l'étude de chaque catégorie de connaissance est fondée sur la connaissance des lois principales de la catégorie précédente » [2]. On pourra ainsi établir une hiérarchie et montrer que chaque catégorie de connaissance est fondée sur la précédente. Il parle d'une « dépendance successive ». Comte montrera ainsi qu'on peut établir un système ayant une base commune, constituée des lois de la science fondamentale.

Sur quels critères se fonde-t-il pour établir cette base commune ? Pour lui, la science fondamentale est la plus générale et donc la plus simple : il s'agit de l'astronomie et le

---

1. A. Comte, *Cours de philosophie positive*, *op. cit.*, 2e leçon, p. 97.
2. A. Comte, *Premiers cours*, *op. cit.*, p. 84.

degré de complexité permet d'établir « une échelle encyclopé-dique », faisant qu'aucune science ne pourra être étudiée, si on n'y est pas préparé. Autrement dit, pour étudier une science, il faut, en quelque sorte, préparer le terrain, disposer d'un prére-quis consistant dans une connaissance suffisante des sciences qui la précèdent et dont elle dépend. La science fondamentale est l'astronomie et la dernière dans l'échelle, c'est-à-dire la plus complexe, la moins générale et celle qui étudie des phénomènes plus particuliers, est la physique sociale.

Il semble que pour Comte, le but ultime de cette hiérarchie des connaissances soit un but social, dont l'exécution est tribu-taire de toute une pédagogie d'acquisition des connaissances, qui s'explique par le fait que le progrès et l'évolution sociale passent par la science universelle. Il faut donc déterminer la manière d'accéder à cette étape positive de l'esprit humain et d'acquérir toutes les connaissances dans un système. Il est nécessaire de les étudier dans l'ordre, qui est un ordre de complexité unique.

On remarque l'absence de la mathématique dans l'échelle des sciences, elle ne fait pas vraiment partie du système, de la même manière que ni la logique, ni les mathématiques ne font partie de la science unitaire selon les néopositivistes. En réalité, elle a un statut particulier et constitue le point de départ de toute éducation. De quelle mathématique s'agit-il, sachant que Comte a bien insisté sur l'idée qu'on ne peut connaître que des phénomènes observables ?

Tout d'abord, la mathématique constitue le modèle scientifique et c'est en l'étudiant « que l'on peut se faire une idée juste et approfondie de ce qu'est une science »[1]. La

---

1. A. Comte, *Premiers cours, op. cit.*, p. 105.

méthode à suivre dans toute recherche positive doit s'inspirer de la mathématique, elle représente l'exemple à suivre pour résoudre les questions avec rigueur et sévérité. C'est donc la rigueur dans la déduction qui est à prendre comme exemple, la mathématique étant la science qui a donné le plus de résultats dans ce domaine. C'est en ce sens qu'elle constitue le point de départ de l'échelle encyclopédique, elle est la science la plus générale, la plus abstraite et donc la plus simple [1]. Le statut de la mathématique mérite que l'on s'y arrête afin de préciser ses liens avec l'étude des phénomènes physiques.

Il est important de noter que la mathématique comporte une partie *abstraite*, logique et purement rationnelle, le calcul et une autre *concrète*, expérimentale et physique, « elle se compose de la géométrie et de la mécanique rationnelle » [2]. Ce sont par conséquent ces deux disciplines qui constituent les deux sciences fondamentales, dans la mesure où « tous les effets naturels peuvent être conçus comme de simples résultats nécessaires, ou des lois de l'étendue, ou des lois du mouvement » [3]. Ce qui est très clair pour certaines disciplines, telles que l'acoustique ou l'optique, qui « sont devenues finalement des applications de la science mathématique à certains ordres d'observation » [4]. Toujours est-il que cette partie concrète des mathématiques est nécessairement fondée sur la partie abstraite, qui demeure un exemple de rigueur, de perfection et de méthode. L'analyse mathématique est à ce titre, « la véritable base rationnelle du système entier de nos connaissances positives », elle s'occupe des idées « les plus universelles,

1. A. Comte, *Premiers cours, op. cit.*, p. 113.
2. *Ibid.*, p. 110.
3. *Ibid.*, p. 111.
4. *Ibid.*

les plus abstraites et les plus simples que nous puissions réellement concevoir »[1].

La philosophie positive doit donc permettre de relier les sciences les unes aux autres, non pas dans le but de les réduire les unes aux autres et de les réduire finalement à un fondement unique, qui serait la mathématique, mais dans celui de montrer le lien pédagogique entre les sciences selon leur avènement progressif, conformément à leur degré de complexité et, peut-être également, à la maturité de l'intelligence. On voit claire-ment que le but de cette philosophie est plus pédagogique qu'épistémologique. Plus précisément,

> il convient … de regarder la science mathématique, moins comme une partie constituante de la philosophie naturelle proprement dite, que comme étant, depuis Descartes et Newton, la vraie base fondamentale de toute cette philosophie, quoique, à parler exactement, elle soit à la fois l'une et l'autre[2].

La mathématique ne doit pas son statut au fait qu'elle augmenterait nos connaissances, mais au fait qu'elle constitue un instrument « puissant » pouvant être utilisé dans la recherche des lois expliquant les phénomènes naturels. Tout ce travail de corrélation se fait dans une perspective sociale, puisque la solidarité entre les sciences permettra de dépasser l'égoïsme et l'individualisme, dont la théologie et la méta-physique n'ont pu se dégager pour une société organisée en progrès. Autrement dit, on peut dire que la pédagogie se met au service de l'organisation sociale.

En effet, une organisation théorique, à savoir le système des sciences, doit précéder la réorganisation sociale, elle en est même une condition. La philosophie positive qui va englo-

1. A. Comte, *Premiers cours, op. cit.*, p. 113.
2. A. Comte, *Cours de philosophie positive, op. cit.*, 2e leçon, p. 197.

ber la sociologie et l'intégrer dans le système des sciences permettra de connaître les règles générales et d'établir les réformes d'une manière spontanée. D'ailleurs, tout le *Cours de philosophie positive* trace ce que Comte voit comme étant le développement historique des sciences, lesquelles convergent vers l'avènement de la physique sociale, qu'il nommera « sociologie » lors de la 47ᵉ leçon. Elle est le signe de l'accomplissement de l'esprit humain et de l'avènement de la « positivité ».

En d'autres termes, l'esprit positif sera atteint en comblant la lacune, qui consiste dans l'absence d'un traitement scientifique des faits sociaux et ce, après l'essor des sciences dites naturelles. Dès la première leçon de son *Cours de philosophie positive*, Comte précise la nécessité de combler cette lacune, puisque « maintenant que l'esprit humain a fondé la physique céleste, la physique terrestre, soit mécanique, soit chimique ; la physique organique, soit végétale, soit animale, il lui reste à terminer le système des sciences d'observation en fondant la physique sociale »[1]. Ce qui signifie que n'importe quel phénomène observable rentrera dans l'une des catégories : astronomique, physique, chimique, physiologique ou sociale. La philosophie positive n'aura plus qu'à continuer à se développer, dans le sens où les lois de l'esprit ne peuvent être connues indépendamment de leurs applications. En d'autres termes, « ce ne serait que par l'étude des applications régulières des procédés scientifiques qu'on pourrait parvenir à se former un bon système d'habitudes intellectuelles »[2]. L'unité de la science est pour ainsi dire au service de l'organisation

---

1. A. Comte, *Cours de philosophie positive*, *op. cit.*, p. 44-45.
2. *Ibid.*, p. 72.

sociale et politique. Elle a une fin plus pratique que théorique. Qu'en est-il du projet néopositiviste d'une science unitaire ?

Le projet néopositiviste a souvent été scindé en une partie négative, consistant dans le rejet de la métaphysique et une partie positive et constructive que les critiques occultent, comme l'ont fait souvent remarquer Schlick et Neurath, et qui consistait dans la possibilité de réaliser une unité de la science et plus exactement un langage scientifique commun à toutes les sciences. Ce projet essentiel tourne autour de l'idée qu'un langage qui donne satisfaction dans une science quelconque peut tout à fait servir pour les autres sciences ; il devient alors inutile de changer de langage lorsqu'on passe d'une science à l'autre et le même langage pourrait exprimer tous les énoncés scientifiques.

Ce programme unificateur des sciences a été le sujet d'une multitude de controverses entre Carnap, Neurath et Schlick. Carnap et son *Logische Aufbau der Welt*[1] constitue la première, et peut-être la seule tentative complète de présenter une méthode capable de réaliser le projet d'unifier les sciences. Dès la préface à la première édition, il précise que la présentation unifiée des sciences dans un système unique est un projet philosophique, c'est-à-dire qu'il s'agit de théorie de la connaissance, mais dans un sens particulier, dans la mesure où celle-ci portera sur la question de la déduction ou plutôt de la réduction des connaissances les unes aux autres. En clair, il ne s'agit pas de science mais de logique de la science.

Il faudra montrer qu'il est possible de dériver les sciences les unes des autres. Cette opération de dérivation devra se faire à partir d'un petit nombre de concepts originels (*Wurzel-*

---

1. R. Carnap, *Der logische Aufbau der Welt*, op. cit., trad. cit. *La construction logique du monde*.

begriffe), elle consiste plus précisément en une justification rationnelle des énoncés de la science. Etant donné que l'un des principes de base de cette philosophie est que toute science dérive de l'expérience, l'unification logique des sciences montre bien dans quel sens l'empirique sera lié au logique ; ce qui se retrouve dans l'appellation d'*empirisme logique*.

Comme chez Comte, c'est cette unité de la science, même si elle consiste précisément en une justification purement théorique de nos connaissances, qui permettra par là même d'éliminer la métaphysique de notre discours positif. Comment Carnap va-t-il proposer de la mettre en œuvre ?

L'*Aufbau* aura pour tâche de montrer la possibilité d'unifier les sciences grâce à leur fondement unique, c'est-à-dire grâce à leur mise en système. En d'autres termes, il s'agit pour Carnap de montrer qu'il est possible de présenter toutes les sciences sous la forme d'un système, qu'il appellera « système constitutionnel ». Celui-ci se veut à la fois épistémique, empirique et logique. L'empirisme de Carnap se retrouve à deux niveaux : *tout d'abord*, le système unitaire des sciences est celui des concepts ou objets de la science. Pour lui, parler d'objets ou de concepts revient strictement au même, c'est juste une question de terminologie, car chaque nom doit avoir une signification, laquelle est son objet, sinon, nous aurons affaire à un pseudo concept.

C'est ce qui explique que pour Carnap la distinction entre objet et concept est inessentielle car elle ne constitue pas une différence logique mais psychologique. Le langage de la constitution est neutre[1], en ce sens qu'il ne s'agit que de construction rationnelle ou, peut-être, plus exactement de

---

1. Le réalisme ou l'idéalisme ne sont en fait rien de plus que deux manières différentes de parler.

reconstruction, c'est-à-dire qu'il ne s'agit ni de création, ni de connaissance, ce domaine ne pouvant revenir qu'à la science, seule capable de nous informer sur le réel.

Expliquons rapidement ce que constituer ou construire un objet ou concept signifie. Constituer les objets ou concepts signifie les ramener, les réduire à un ou plusieurs autres objets. Un objet (ou concept) est constitué à partir d'un ou de plusieurs autres objets (ou concepts), si chaque proposition à son sujet peut être transformée, traduite en propositions à propos de ces autres objets.

Ce qui donnera un système constitutionnel, c'est-à-dire un système de degrés (*Stufen*) de telle façon que les objets de chaque degré pourront être constitués à partir des objets des degrés inférieurs, les derniers seront *les objets fondamentaux*, devant donc constituer la base du système. Ce système réductif permet ainsi de réaliser l'unification de tous les concepts de toutes les sciences. Ce qui prouvera, par là même, qu'il y a finalement un seul domaine d'objets et par conséquent une seule science, bien que l'on puisse distinguer entre différentes catégories d'objets, lesquels appartiennent à des degrés différents du même système constitutionnel, mais que nous pouvons ramener les uns aux autres.

La deuxième expression de l'empirisme de Carnap se trouve dans le choix de la base ou du fondement de son système. Dans *La construction logique du monde*, il avait opté pour une base phénoménaliste, constituée donc de ce qu'il appelle « le flux du vécu ». Ce choix est guidé par un critère de simplicité et par un critère épistémique, toute connaissance commençant par l'expérience de chacun. L'alliance de l'empirique avec le logique se trouve dans l'idée que ce n'est pas le vécu qualitatif qui intéressera Carnap, mais les relations entre des points de ce vécu. La construction logique du monde adoptera une méthode extensionnelle [1].

Ce qui nous intéresse ici, c'est l'idée que, comme l'écrit Vuillemin, la constitution a pour rôle de

> spécifier comment nous devons traduire une proposition empirique quelconque en une autre proposition, construite suivant des règles de la logistique appliquée et ne contenant plus comme mention d'objets empiriques que la mention d'objets reçus dans les relations primitives [2].

Le réel, selon Carnap se compose d'objets appartenant à des catégories ou « sphères » différentes, qu'il s'agira de relier entre elles. Ces catégories correspondent aux différentes catégories de sciences. Il s'agit des objets physiques, psychologiques et sociaux (relatifs aux sciences humaines – *Geisteswissenschaften*). Le but de la constitution sera de montrer la possibilité de ramener les objets des sciences sociales à ceux des sciences de la psychologie, ceux de cette dernière aux objets de la physique et finalement d'exprimer ceux-ci dans un langage phénoménaliste. Ce langage, correspondant aux objets auto-psychiques (perceptifs), constituera ainsi la base d'un système réunissant tous les concepts de toutes les sciences. C'est bien ce fondement qui permettra d'unifier les sciences, grâce à une méthode déductive ou plutôt réductive qui réalisera la possibilité de ramener les énoncés d'une science à ceux d'une autre. Cette réduction à une base unique signifie la réalisation d'un système dans lequel chaque concept pourra trouver sa place.

---

1. Voir à ce sujet, M. Ouelbani, *Le Cercle de Vienne*, Paris, PUF, 2006.
2. J. Vuillemin, *La logique et le monde sensible*, Paris, Flammarion, 1971, p. 252.

Il n'est pas question dans ce cadre de rentrer dans les procédés complexes de cette unification des sciences mais ce qu'il est intéressant de relever par rapport à Comte c'est 1) qu'il s'agit d'un système, même si la base choisie de ce système peut être différente, dans la mesure où elle est une simple proposition Carnap ayant, d'ailleurs, très vite rejoint le physicalisme après une brève période phénoménaliste. Alors que Carnap parle de réduction, Neurath et Schlick pour leur part parlent de cohérence pour le premier et de corrélation entre les concepts pour le second et 2) le but de cette unité de la science aboutit certes à éliminer la métaphysique, mais elle constitue aussi une conception du monde. Elle a donc bien un rôle typiquement philosophique, alors que nous avons vu que Comte donne une explication ethnologique à l'unification de la science, laquelle se fait dans un but pédagogique et social.

Ce qui est considéré comme le manifeste du Cercle de Vienne, à savoir *La conception scientifique du monde* est très éclairant sur le but précis de cette science unitaire. Tout d'abord, le système des sciences devra se substituer à une conception métaphysique du monde. La nouvelle conception du monde *ne se caractérise pas par des thèses mais plutôt par une tâche déterminée*, puisqu'elle vise la réalisation d'une unité de la science. Il s'agit de présenter toutes les sciences dans un tout harmonieux, ce qui exige un symbolisme pur et donc logique. Cette conception scientifique du monde exclut toute énigme que nous ne pourrions pas résoudre : « La conception scientifique du monde ne connaît aucune énigme insoluble »[1]. Cette nouvelle conception du monde montrera

---

1. R. Carnap, O. Neurath, H. Hahn, *Wissenchaflische Weltauffassung. Der Wiener Kreis*, dans H. Schleichert (ed.), *Logischer Empirismus*, München, W. Fink Verlag, 1975, p. 15, trad. fr. *La conception scientifique du monde. Le Cercle de Vienne*, dans *Le Manifeste du Cercle de Vienne*, *op. cit.*

justement que tous les problèmes traditionnels de philosophie ne sont que des pseudo problèmes, à moins qu'ils soient susceptibles d'être ramenés à des problèmes empiriques, grâce à l'analyse logique du langage, et c'est proprement la tâche de la philosophie. Il est évident que les néopositivistes ne sont pas les premiers à avoir défendu cette conception de la philosophie comme analyse et élucidation du langage. Wittgenstein et Russell les ont précédés et fortement influencés dans ce domaine.

L'analyse logique permet de se débarrasser, selon les auteurs du manifeste (Carnap, Hahn et Neurath), de toute métaphysique, c'est-à-dire, en particulier de l'idéalisme allemand et aussi de *l'a apriorisme* kantien[1], ce qui exclut toute connaissance à partir d'une raison pure, ainsi que le synthétique *a priori*. Reichenbach parle justement *d'une désagrégation de l'a priori*, laquelle constitue la thèse fondamentale de l'empirisme moderne en général.

Cette conception scientifique du monde se fonde sur la distinction des énoncés en analytiques, à savoir logiques et mathématiques, et empiriques ou synthétiques *a posteriori*, en ce sens que rien ne peut être accepté sans justification de type empirique et/ou logique. Tout énoncé est donc soit analytique, c'est-à-dire tautologique, soit synthétique *a posteriori*, c'est-à-dire empirique. Il n'y a plus de place pour des énoncés qui seraient synthétiques *a priori*. Les seuls énoncés informatifs sont des énoncés empiriques, c'est-à-dire ceux qui font partie d'un langage empirique. La conception du monde est donc « positiviste », parce qu'elle est empiriste, dans la mesure où toute connaissance doit reposer sur l'expérience, sur le donné. Par ailleurs, cette conception est aussi logique, puisque c'est la

---

1. *Wissenchaflische Weltauffassung. Der Wiener Kreis*, *op. cit.*, p. 18.

méthode de l'analyse logique, de la réduction qui permettra de réaliser la science unifiée, comme le montrera Carnap, en particulier.

On peut résumer le programme néopositiviste en quatre points.

– La réduction de la philosophie à une théorie de la connaissance.

– La distinction des sciences non plus en sciences de la nature et sciences sociales, mais en sciences empiriques et analytiques. Comme pour Comte, les sciences sociales ne diffèrent pas des sciences dites de la nature, quant à leur objet et à leur méthode.

– Le logicisme comme programme de réduction des sciences analytiques.

– Le réductionnisme comme programme de réduction des sciences synthétiques ou empiriques.

Ce qui montre bien qu'il s'agit d'un programme réductionniste et nullement d'une doctrine ou d'une théorie. Plusieurs méthodes de réalisation de ce programme ont été proposées. Ce qui a donné un très vaste panorama de philosophies assez différentes les unes des autres et qui ont donné naissance à des discussions et même parfois à des polémiques assez virulentes.

Tout le programme néopositiviste tourne donc autour de la question du *fondement*, laquelle n'a, bien sûr, rien à voir avec la question du fondement dans un sens métaphysique. La brochure publiée en 1929, et en particulier son troisième chapitre, précise ce programme fondationaliste.

– Le point de départ se trouve dans le fait que, en tant que philosophes analytiques, les empiristes logiques reprennent le programme logiciste à leur compte. En effet, « la conception du caractère tautologique de la mathématique, laquelle repose sur les recherches de Russell et Wittgenstein, sera aussi défendue par le *Cercle de Vienne* »[1].

– En accord avec la théorie de la connaissance de Russell et concernant le fondement de la physique, il est clair que tout *a priori* doit être rejeté et que la connaissance repose nécessairement sur l'expérience. Cette question sera, toutefois, résolue par une méthode logique de réduction, puisque « la conception scientifique du monde... s'efforcera toujours d'obtenir et d'exiger la vérification par des moyens clarifiés, c'est-à-dire par la réduction directe ou indirecte au vécu »[2].

– La recherche du fondement de la géométrie a montré également que cette dernière « est devenue ainsi le domaine le plus important de la méthode axiomatique et de la théorie générale des relations »[3].

– Quant aux sciences sociales, les auteurs remarquent qu'elles ne peuvent que suivre tôt ou tard la voie qui a été celle de la physique et des mathématiques. En d'autres termes, elles reconnaîtront la nécessité « d'un contrôle épistémique de [leurs] fondements, d'une analyse logique de [leurs] concepts »[4].

Toutes ces questions, sur lesquelles devra porter la réflexion des philosophes néopositivistes, et par conséquent le programme d'unification des sciences, illustrent bien l'intérêt particulier de ces philosophes pour la logique. C'est en ce sens qu'ils se distinguent des philosophes traditionnels, puisque leur tâche consiste *à clarifier* et *non à informer* sur une réalité quelconque. La philosophie devient une activité d'élucidation et ne peut plus être un système d'énoncés « à la

1. *Wissenchaflische Weltauffassung. Der Wiener Kreis*, p. 22.
2. *Ibid.*, p. 24.
3. *Ibid.*
4. *Ibid.*

signification douteuse ». Le programme est donc un programme fondationnaliste et réductionniste, même si Neurath, par exemple, fera exception et refusera le fondationnalisme.

En revanche, pour sa part, Comte considère le réductionnisme et l'uniformisation comme chimériques, car « l'étude du monde extérieur démontre, au contraire, que beaucoup de ces rapprochements seraient purement chimériques, et qu'une foule d'évènements s'accomplissent continuellement sans aucune vraie dépendance mutuelle… »[1]. Pour lui, l'étude des faits est statique ou dynamique : l'étude des relations statiques ou de similitude est rattachée à l'induction, alors que la déduction permet d'étudier les relations dynamiques ou de succession des phénomènes. La combinaison de ces deux études permet justement d'expliquer les phénomènes. L'établissement des lois et donc des relations entre les phénomènes permet de constituer un système unifié, qui n'est conçu ni comme une uniformisation, ni comme une réduction.

Pour Comte, il n'est pas question d'une unité ou d'une systématisation, mais seulement d'une homogénéité des différentes doctrines, laquelle permet une

> … exacte représentation du monde réel, notre science n'est certainement pas susceptible d'une pleine systématisation, par suite d'une inévitable diversité entre les phénomènes fondamentaux. En ce sens, nous ne devons chercher d'autre unité que celle de la méthode positive envisagée dans son ensemble, sans prétendre à une véritable unité scientifique, en aspirant seulement à l'homogénéité et à la convergence des différentes doctrines[2].

---

1. A. Comte, *Discours sur l'esprit positif, op. cit.*, p. 86.
2. *Ibid.*, p. 89.

Les sciences ne sont pas isolées les unes des autres. Il refuse la distinction entre l'organique et l'inorganique et le chimique dépend du physique, moins compliqué[1], de même qu'on ne peut dissocier l'individuel du social et de ce qui concerne l'espèce. Effectivement, « pour étudier convenablement les phénomènes sociaux, il faut d'abord partir d'une connaissance approfondie des lois relatives à la vie individuelle »[2]. Ces relations entre le plus simple et le plus compliqué qui en dépend ne signifie nullement une confusion et la séparation des sciences est considérée comme étant fondamentale. Il dresse d'ailleurs, dans sa deuxième leçon, un tableau des différentes sciences[3]. Cette échelle des sciences doit se retrouver dans la formation et l'éducation des savants. Il est nécessaire d'étudier ce qu'il appelle « les branches principales de la philosophie naturelle » dans l'ordre convenable. C'est la base de l'éducation scientifique[4] et c'est dans cette perspective qu'il parle de système ou d'échelle graduelle des sciences. Autrement dit, il conçoit une véritable dépendance des sciences les unes des autres, contrairement aux néopositivistes pour lesquels la dérivation des énoncés les uns des autres n'est que logique ou théorique et ne représente aucune nécessité. Le choix du langage unificateur n'est qu'une proposition parmi d'autres, comme aimait à le répéter Carnap.

Par ailleurs, ce qui est particulier à cette systématisation des connaissances chez Comte, c'est que loin d'être théorique ou épistémologique, elle a une fin pragmatique, utilitaire, instrumentale ou tout simplement, « humaine », en ce sens qu'elle tend d'une manière spontanée à satisfaire nos besoins.

---

1. A. Comte, *Cours de philosophie positive*, *op. cit.*, 2e leçon, p. 147.
2. *Ibid.*, p. 159.
3. Voir *Cours de philosophie positive*, *op. cit.*
4. *Ibid.*, p. 188.

En d'autres termes, nos connaissances ne se rapportent pas uniquement à l'univers, mais aussi à l'humanité. C'est cette dernière caractéristique qui permet la systématisation, car nos connaissances et nos théories scientifiques se rapportent à des phénomènes trop diversifiés et épars. L'unité recherchée par la philosophie positive est plutôt une homogénéisation et une convergence des différentes théories et connaissances vers un but unique, l'humanité. En effet, les théories sont « des résultats naturels de notre évolution mentale, à la fois individuelle et collective, destinés à la satisfaction normale de nos propres besoins quelconques ». C'est donc cette tendance naturelle et spontanée qui va nous permettre de parler d'une systématisation aussi bien « scientifique que logique »[1].

Cette convergence vers l'humain justifie l'importance de la science humaine ou sociale pour la philosophie positive. Les sciences se rapportant à l'homme, l'étude rationnelle du monde extérieur devient un élément nécessaire et un préambule fondamental à la science humaine et ce n'est que de cette manière que nos connaissances peuvent former un système[2].

Cette même unité mentale a été tentée sans succès aussi bien par la théologie, grâce à la conception de Dieu, que par la métaphysique qui l'a remplacée par l'idée de Nature. Ce qui leur a fait défaut c'est donc le fait de ne pas avoir ramené nos connaissances, théories et doctrines à l'homme. L'Humanité remplacera ainsi l'idée de Dieu et de Nature. Étant donné que l'homme ne se développe que collectivement, la science sociale ne peut qu'occuper une place prépondérante dans le positivisme et même permettre l'accès à cet état final de l'évolution de l'esprit. Seule l'efficacité sociale permet la cohé-

1. A. Comte, *Cours de philosophie positive*, *op. cit.*, p. 90.
2. *Ibid.*

rence logique et donc la systématisation. L'état positif rallie donc la science à l'action. Il s'agit ainsi, d'une « active tendance journalière à l'amélioration pratique de la condition humaine ».

Ce que l'état théologique, en particulier le monothéisme, ne pouvait permettre, car les préoccupations religieuses étaient toutes autres. C'est ce qui explique l'opposition universelle à toute philosophie théologique. Il ne peut être question d'«optimisme providentiel» et nous devons, au contraire envisager le monde extérieur, «non comme dirigé par des volontés quelconques, mais comme soumis à des lois, susceptibles de nous permettre une suffisante prévoyance, sans laquelle notre activité pratique ne comporterait aucune base rationnelle »[1].

Comte précise d'ailleurs que la vie industrielle est incompatible avec la philosophie théologique. En effet, à mesure que les lois physiques ont été connues, l'empire des volontés surnaturelles s'est trouvé de plus en plus restreint, puisque consacré aux phénomènes dont les lois restaient ignorées de la science. Une telle incompatibilité devient directement évidente quand on oppose la prévision rationnelle, qui constitue le principal caractère de la véritable science, à la divination par révélation spéciale, que la théologie doit représenter comme offrant le seul moyen légitime de connaître l'avenir. Si l'ordre naturel doit être connu, c'est dans le but de le modifier ou au moins de s'y adapter. C'est une question de bon sens.

1. A. Comte, *Cours de philosophie positive*, *op. cit.*, p. 104-105. On peut parler aussi d'un but pratique chez Neurath également, mais dans un tout autre sens. Pour lui l'explication et la prévision d'un phénomène fait appel à une multitude de lois et donc de disciplines différentes.

Le but ultime de la science justifie ainsi l'importance de la sociologie, que Comte a appelée au départ « physique sociale », et qui est définie comme étant « la science qui a pour objet propre l'étude des phénomènes sociaux, considérés dans le même esprit que les phénomènes astronomiques, physiques, chimiques et physiologiques, c'est-à-dire comme assujettis à des lois naturelles invariables… »[1]. Le fait que les phénomènes sociaux soient envisagés comme des sujets d'observation permet d'établir des relations entre eux et donc des lois, lesquelles expliqueront le développement de l'esprit humain, d'une part, et permettront de faire des prévisions grâce auxquelles on pourra réguler l'action, d'autre part.

Il est important de noter non seulement l'idée que les sciences sociales accèdent à la scientificité positive, mais que la science sociale et politique jouit d'un statut privilégié dans la hiérarchie des sciences, puisque toutes les sciences sont en quelque sorte une propédeutique à la sociologie.

On peut donc dire que le point de départ aussi bien du Comtisme que du positivisme logique se trouve dans une attitude empiriste et logico-mathématique, laquelle trouve son application dans une systématisation des sciences. Mais ils diffèrent aussi bien sur la méthode employée que sur le but escompté. En effet, le but ultime de Comte, celui que devra atteindre la dernière épreuve de l'esprit positif consiste à ramener les théories morales et sociales à l'état positif et à les sortir de « l'isolement irrationnel sous la stérile domination de l'esprit théologico-métaphysique ». À cela s'ajoute la tendance à la systématisation, « en constituant l'unique point de vue, soit scientifique, soit logique, qui puisse dominer l'ensemble

---

1. A. Comte, *Le système de politique positive*, *op. cit.*, t. 4, p. 150.

de nos spéculations réelles, toujours nécessairement réductibles à l'aspect humain, c'est-à-dire social, seul susceptible d'une active universalité ». C'est en ceci que consiste d'ailleurs la double tâche du *Cours*.

Or, cette systématisation n'a pas qu'un but théorique, elle permet surtout une « aptitude nécessaire à constituer la seule issue intellectuelle que puisse réellement comporter l'immense crise sociale développée, depuis un demi-siècle dans l'ensemble de l'occident européen et surtout en France »[1]. D'ailleurs, le positivisme a pour devise « *Ordre et progrès* ». En février 1848, Comte avait inscrit cette devise sur le prospectus qui annonçait l'association positive du peuple de tout l'Occident européen[2]. Ensuite elle fut inscrite sur les pages de titre du *Système* et du *Catéchisme* : « l'Amour pour principe, et l'Ordre pour base ; le Progrès pour but ».

La philosophie positive est vraiment tournée vers l'action, même s'il faut se consacrer d'abord aux études théoriques et spéculatives sans tenir compte de l'utilité pratique qui pourrait en être tirée. La classification des sciences doit tenir compte aussi d'une autre distinction, celle entre sciences fondamentales et sciences appliquées, lesquelles sont secondaires par rapport aux premières et en dépendent, comme la zoologie et la botanique dépendent de la physiologie générale, ou la minéralogie par rapport à la chimie. L'ordre qu'on essaie d'établir est dogmatique (logique et naturel en étant conforme à la nature de l'esprit), en ce sens qu'il n'est pas historique, celui-ci n'étant plus praticable dès qu'une science est assez développée.

---

1. A. Comte, *Discours sur l'esprit positif*, *op. cit.*, p. 136. Il en retrace d'ailleurs les principales étapes avec conviction.

2. Il fonde la société positiviste en mars.

Il est vrai que l'on peut trouver également un but non théorique à l'unité de la science, chez certains néopositivistes, comme c'est le cas pour Neurath, par exemple. Mais, il s'agit plus exactement de défendre sa théorie holiste, selon laquelle les lois des différentes sciences sont en rapport les unes avec les autres, ce qui lui permet de dire qu'un phénomène ne peut être expliqué que par les lois de différentes disciplines. Pour les néopositivistes, le but de la science est théorique avant tout. C'est ainsi que Schlick fait remarquer au contraire, qu'une fois la science développée, son but n'est plus pragmatique ou utilitariste, la connaissance nous apporte une satisfaction théorique. « Le but de la science, dit-il, est atteint avec la réalisation des prédictions : la joie de la connaissance, c'est la joie de la vérification, le sentiment délicieux d'avoir deviné juste »[1].

Par contre, pour Comte, la philosophie positive, en réalisant une échelle des sciences, a vraiment une tâche morale, politique et sociale à remplir : tout converge vers l'ordre et le progrès social. Pour lui, la notion de progrès devient « un dogme » fondamental de la sagesse humaine aussi bien pratique que théorique : « elle lui imprime le caractère le plus noble en même temps que le plus complet, en représentant toujours le second genre de perfectionnement comme supérieur au premier »[2]. L'amélioration des dispositions de l'agent permet l'action de l'humanité sur le monde, nous devons alors agir sur les phénomènes humains individuels et collectifs. C'est là que notre « intervention rationnelle comporte naturellement la plus vaste efficacité »[3]. Mais ce dogme ne peut

1. M. Schlick, *Sur le fondement de la connaissance*, dans *L'âge d'or de l'empirisme logique*, *op. cit.*, p. 433.

2. A. Comte, *Discours sur l'esprit positif*, *op. cit.*, p. 156.

3. *Ibid.*

devenir philosophique que « d'après une exacte appréciation générale de ce qui constitue surtout cette amélioration continue de notre propre nature, principal objet de la progression humaine ». La philosophie positive démontre que « ce perfectionnement consiste essentiellement, soit pour l'individu, soit pour l'espèce, à faire de plus en plus prévaloir les éminents attributs qui distinguent le plus notre humanité de la simple animalité, c'est-à-dire, d'une part l'intelligence, d'autre part la sociabilité, facultés naturellement solidaires, qui se servent mutuellement de moyen et de but » [1].

C'est un système d'éducation universelle qui permettra la systématisation de la morale à laquelle tous participeront. L'esprit positif est important, il est le seul « par sa nature » à être « susceptible de développer directement le sentiment social, première base nécessaire de toute saine morale » [2]. La théologie et la métaphysique ont toujours échoué à faire prévaloir la sociabilité et la collectivité [3]. Au contraire, pour l'esprit positif « l'homme proprement dit n'existe pas, il ne peut exister que l'humanité, puisque tout notre développement est dû à la société, sous quelque rapport qu'on l'envisage ». Ainsi, la nouvelle philosophie essaiera de faire ressortir « la liaison de chacun à tous ». Autrement dit, la philosophie positive de Comte dégage la nécessité naturelle du sentiment intime d'une solidarité sociale [4]. Le bien public assure, ainsi, le bonheur privé.

La philosophie positive englobe tous les domaines de la vie : scientifique, morale, politique et social. Si sa devise peut

1. A. Comte, *Discours sur l'esprit positif, op. cit.*, p. 157.
2. *Ibid.*, p. 179.
3. *Ibid.*, p. 179-183.
4. *Ibid.*, p. 184.

être : « l'amour pour principe, l'ordre pour base et le progrès pour but », tout ceci ne pourra être atteint que par le système des connaissances, à condition qu'il comprenne la sociologie.

On peut résumer rapidement et dire que l'unification des sciences est le programme du positivisme aussi bien dans sa forme comtiste que moderne. Toutefois, alors que ce programme a pour but essentiel, pour les positivistes modernes, de remplacer la conception traditionnelle du monde par une conception scientifique du monde, et ce, sous la forme d'une systématisation langagière des sciences, A. Comte envisage, en revanche, une systématisation non réductionniste des sciences à une fin pédagogique et propédeutique, ainsi qu'une organisation de la vie politique, sociale et morale. Cette tâche se trouvera accomplie dans le passage de la philosophie positive à ce qu'il appellera proprement le positivisme.

Avant de clarifier ce qu'est le positivisme par rapport à la philosophie positive, et étant donné l'importance de la sociologie pour ce passage, il serait important de clarifier davantage ce qu'est la science sociale et surtout en quoi consiste son rôle.

La première idée que Comte veut développer est que la sociologie n'est pas une science distincte des autres sciences. Elle n'est pas isolée par rapport aux sciences dites dures et empiriques. Tout d'abord, selon la hiérarchie des sciences et leur interdépendance, elle est directement liée à la biologie et donc aux sciences organiques et indirectement aux sciences inorganiques, celles-ci étant liées à celles-là. Ce lien est par ailleurs, tout à fait naturel et évident, en ce sens que Comte ne voit pas comment on pourrait comprendre les faits sociaux, si on n'a pas « apprécié » auparavant « le milieu réel où ils se développent »[1]. Ces liens entre les faits sociaux, les faits inorganiques et les faits organiques sont dans une corrélation « permanente », « inévitable » et « indispensable ». C'est ce qui explique que la hiérarchie des sciences énoncée par Comte soit justifiée par une progression du moins complexe et plus général au moins général et plus complexe. Ainsi, une étude rationnelle du développement social doit tenir compte à la fois de la philosophie organique et inorganique. Cette dépendance de plus en plus complexe explique donc bien la place de la physique sociale dans la hiérarchie générale des sciences.

Bien que les différentes sciences soient conçues comme « des branches distinctes d'un tronc nécessairement unique »[2], la sociologie jouit d'une place particulièrement importante, et ce, à double titre : elle est l'aboutissement de la philosophie positive et elle devra permettre de perfectionner les relations nécessaires entre les différentes sciences.

En effet, comme toutes les sciences, la science des faits sociaux a un versant statique et un autre dynamique, en ce sens qu'il s'y agit d'étudier les conditions d'existence de la société, mais aussi les lois de son « mouvement continu ». En d'autres termes, « la dynamique sociale étudie les lois de la succession » des états sociaux, et la statique sociale cherche, pour sa part, les lois de la co-existence, de sorte que « l'application générale de la première – à savoir la dynamique – soit proprement de fournir à la politique pratique la vraie théorie du progrès en même temps que la seconde – la statique – forme spontanément celle de l'ordre »[3]. On voit ainsi que cette

1. A. Comte, *Leçons de sociologie*, Paris, Flammarion, 1995, 45ᵉ leçon, p. 206.

2. *Ibid.*, 49ᵉ leçon, p. 222.

3. *Ibid.*, 48ᵉ leçon, p. 125.

nouvelle science est caractérisée de façon à respecter la devise comtienne de l'ordre et du progrès.

Etant donné que les faits sociaux sont les plus complexes, ils sont également, par là même, les plus subordonnés et par conséquent les plus modifiables. Si la connaissance des phénomènes consiste dans la connaissance des lois dans le but de prévoir, d'agir et de les modifier, les faits politiques sont alors observés en tant que sujet d'observation de la sociologie, et ce, de deux points de vue complémentaires : celui de leur harmonie avec les phénomènes qui leur co-existent et celui de leurs enchaînements avec les états qui les précèdent. L'explication se fait donc toujours par le rattachement aux phénomènes co-existants et aux phénomènes précédents.

La sociologie se constitue progressivement en trois étapes s'intéressant à l'individu, à la famille et à la société. Elle tend ainsi à « embrasser la totalité de l'espèce humaine » et Comte de rajouter « principalement l'ensemble de la race blanche » (!) [1].

En perfectionnant les relations entre les différentes sciences, la sociologie clarifie ainsi les liens entre les éléments de notre civilisation. Les liens entre les sciences dans le système de Comte sont donc des liens logiques et épistémo-logiques. On peut relever sur ce point que le système carnapien des sciences est plutôt conçu comme une possibilité de liaisons linguistiques entre les différentes sciences, celles-ci étant avant et par-dessus tout des langages.

L'importance particulière de la sociologie et la place prépondérante que Comte lui attribue dans son système revient au fait qu'en philosophie politique, on ne pourra prétendre à aucun ordre et aucun accord, si on n'assujettit pas les phéno-

---

1. A. Comte, *Leçons de sociologie*, *op. cit.*, 50ᵉ leçon, p. 235.

mènes sociaux, à l'instar de tous les autres, à des lois naturelles. Ce point est essentiel car, jusque là, comme le souligne Comte, on assiste généralement à une « répugnance » à l'idée que les phénomènes politiques puissent obéir, comme tout autre phénomène, à de véritables lois.

Avec la science des faits politiques et sociaux, les conceptions politiques ne sont plus absolues et dépendent de « l'état de civilisation humaine », lequel est « régulièrement variable ». L'espèce humaine n'est donc pas dépourvue de toute « impulsion spontanée », étant donné que, comme nous l'avons expliqué, l'avènement de la positivité est toujours un mouvement naturel et spontané pour Comte.

L'avènement de la sociologie est en réalité une dernière étape vers la morale. Nous avons vu dans la définition de la philosophie positive que la fameuse loi des trois états se retrouve à une plus petite échelle, celle de l'individu. Ce développement progressif de l'individu, passant par l'étape théologique et métaphysique, a le même but que celui de l'humanité. Le développement individuel aussi bien que social ont pour but de

> subordonner, autant que possible, la satisfaction moral des instincts personnels à l'exercice habituel des instincts sociaux, et, en même temps, d'assujettir nos diverses passions quelconques aux règles imposées par une intelligence de plus en plus prépondérante, dans la vue d'identifier toujours davantage l'individu avec l'espèce [1].

L'aboutissement de la philosophie positive est ainsi une identification, une confusion de l'individu avec l'espèce et cette idée explique le passage de cette philosophie à un positivisme en tant que religion.

---

1. A. Comte, *Leçons de sociologie, op. cit.*, 51e Leçon, p. 291.

LE POSITIVISME

Les intentions de Comte dans ses cours de philosophie positive et dans ce qui peut être considéré comme la première partie de son œuvre peuvent recouper celles de la philosophie néopositiviste. Toutefois, cette convergence des deux mouvements, qui consiste dans une aversion proprement dite pour toute forme de « spéculationnisme », n'empêche pas une différence totale à la fois dans le but final de ces philosophies, ainsi que dans les méthodes de réalisation de l'unité de la science, en tant que concrétisation des projets positif et positiviste. Autrement dit, la première partie de l'œuvre de Comte peut trouver un terrain d'entente avec le néopositivisme. Rappelons que dans l'une des rares définitions du positivisme que l'on peut trouver dans la littérature néopositiviste, Schlick affirme dans un article de 1932 que si l'on entend par « positivisme » la négation de toute métaphysique, il se considère comme positiviste au sens le plus stricte du terme.

En revanche, la seconde partie de l'œuvre de Comte, qui commence en 1847, lorsqu'il annonce son cours sur l'histoire générale de l'Humanité, entérine une véritable cassure entre le Comtisme et le néopositivisme.

En quoi son positivisme diffère-t-il de sa philosophie positive ?

Le première étape de la philosophie de Comte a développé deux idée principales : *la première* étant que l'esprit humain passe par une évolution nécessaire, consistant en deux étapes préparatoires d'une troisième, la philosophie positive, qui constitue le triomphe de la science sur toute autre forme de tentative d'explication des phénomènes. *La deuxième* idée intéresse le but final de cette philosophie, un but socio-politique, consistant dans la réorganisation de la société, ce

qui deviendra plus aisé, plus méthodique et plus efficace,
lorsqu'on connaîtra les lois de la société.

La seconde étape de sa philosophie voit la philosophie
positive se transformer progressivement en positivisme, à
caractère, comme nous le verrons, plutôt dogmatique. En
1848, Comte fonde *la société positiviste* et publie un *Discours
sur l'ensemble du positivisme*. Alors qu'on ne pouvait même
pas parler de culte de la science, ce dernier texte dévoile un
véritable culte et une véritable religion de l'Humanité. Si
Comte n'est pas le fondateur de la philosophie positive, dans
la mesure où il est l'héritier de Saint-Simon, il est, en revanche,
le fondateur du positivisme, en tant que doctrine.

Dès les premières pages du *Discours*, il définit le positivisme, qui « se compose essentiellement d'une philosophie et
d'une politique, qui sont nécessairement inséparables, comme
constituant l'une la base et l'autre le but d'un même système
universel » [1]. Le nouveau pas franchi à cette période de l'évolution de la pensée de Comte réside proprement dans le fait
qu'il passe d'une systématisation des sciences vers une systématisation des sentiments et de la religion. Ceci se comprend,
puisque, comme nous l'avons vu, la systématisation des
sciences ne constitue pour lui qu'une propédeutique à l'organisation de la société. Bien qu'elle ait été prévue dès le départ,
cette nouvelle orientation prend une tournure assez particulière que les biographes ont pu expliquer par des épisodes
personnels et subjectifs de sa vie. Tout d'abord, il s'était
détourné des savants, lesquels avaient plutôt rejeté son projet;
à cela s'ajoute la disparition de son amie, Clotilde de Vaux,
en 1846. Ces deux épisodes ont certainement contribué à

1. A. Comte, *Discours sur l'ensemble du positivisme*, Paris, Flammarion,
1998, p. 43.

transformer sa philosophie en une religion positiviste. Par conséquent, l'appellation de *positivisme* doit être distinguée de celle de *philosophie positive*, en ce sens que le positivisme succède à la première, avec une orientation et un objectif social, moral et politique. Le *Discours sur l'ensemble du positivisme* est considéré comme étant une sorte de manifeste du positivisme.

Cette évolution est tout à fait naturelle, si on suit l'évolutionnisme de Comte, mais ce qui est dérangeant et paradoxal c'est que le positivisme puisse se transformer en une véritable religion, un véritable culte, celui « de l'Humanité », auquel nous devons participer. C'est d'ailleurs, à partir de ce texte qu'humanité prendra un H et prendra la place de Dieu, lequel sera « éliminé irrévocablement »[1].

Étant donné que dans la première partie de son œuvre, la loi des trois états a bien mis en valeur le dépassement définitif de toute théologie, parler d'une religion peut paraître légitimement choquant. Rappelons que Comte avait conçu même des cadres institutionnels à ce culte de l'Humanité, c'est-à-dire un calendrier, des temples, un nouveau sacerdoce et des fonctionnaires dont la tâche consisterait à encadrer les fidèles. D'ailleurs, la conclusion du *Discours préliminaire du Système de politique positive*, qui est une reprise du *Discours sur l'ensemble du positivisme*, reçoit le titre de « Religion et Humanité » et les textes ultérieurs : *Système de politique positive* et *Catéchisme*, prennent clairement une tournure et un ton religieux.

Dans quel sens ce tournant est-il pris ? Et en quoi consiste-t-il exactement ?

---

1. A. Comte, *Discours sur l'ensemble du positivisme*, *op. cit.*, p. 354.

Il est évident que Comte n'est pas un théologien, mais il n'est pas non plus athée. Il oppose d'ailleurs, « le positivisme » aussi bien à la théologie qu'à l'athéisme, parce que l'athée continue à se poser les mêmes questions que le théologien. C'est ce qui explique que dans certains textes, il relève que religion et philosophie positive ne sont pas rivales, en ce sens que la deuxième ne propose pas d'autres solutions aux mêmes questions que se pose le théologien mais se pose plutôt d'autres questions. En effet, si l'état positif dépasse les deux stades précédents, c'est bien parce qu'on ne s'y pose pas les mêmes questions qu'on se posait aux étapes théologie et métaphysique, celles-là mêmes qui font appel à l'absolu.

Ainsi, le terme de « religion » ne peut être pris dans le sens ordinaire et courant. C'est ce qui permet de constater que l'esprit positif a évolué malgré l'esprit théologique et même parfois « sous sa tutelle préalable ». Toutefois cette évolution n'était possible que tant que l'esprit positif ne s'intéressait qu'aux mathématiques, et ce n'est que lorsqu'il a commencé à considérer les phénomènes naturels que « la collision est devenue inévitable ». À partir de là tout ce qui est inaccessible à la raison a du être écarté. En d'autres termes, c'est lorsque l'esprit positif s'est intéressé à autre chose qu'aux mathématiques, qu'il s'est trouvé confronté à l'esprit théologique et métaphysique et s'est heurté à lui, car il ne pouvait plus faire appel à l'absolu et au transcendant pour expliquer les phénomènes, cette question ne se posant pas lorsqu'on s'intéresse aux mathématiques.

Il faut relever que la progression de la pensée de Comte est toujours claire. C'es ainsi, qu'en réalité, le *Discours sur l'ensemble du positivisme* est un simple prélude au *Système de politique positive*. Il écrit à ce sujet, dans la préface, que ce texte « donnera d'avance une juste idée de développement systématique, surtout moral et social, qu'a reçu le positivisme d'après l'ensemble de mes dernières méditations ». Il parle d'un système et d'un culte qui vont « se substituer » au Catholicisme et du projet de « vouer sérieusement » sa vie « au sacerdoce de l'Humanité »[1].

Dès le début, Comte avait relié la philosophie positive à la politique, puisque le système des sciences englobe nécessairement les faits sociaux, c'est même la condition pour que la philosophie puisse devenir positive. Le système des sciences positives constitue en fait « une nouvelle autorité morale » et le fait d'avoir la même éducation générale permettra d'avoir des principes de jugements de conduite fixes, lesquels seraient mieux portés par les femmes et les prolétaires, grâce à leurs « sentiments généreux »[2].

Comte voit un véritable avènement de ce stade de l'esprit et de l'humanité : une fois la philosophie positive constituée, elle ne peut qu'ordonner la vie politique, puisque toutes les parties de l'existence humaine seront coordonnées. Ce qui est surprenant, c'est que Comte, le positiviste, pense désormais que tout doit être dirigé et orienté par les sentiments. Il conçoit que « l'unité humaine ne peut résulter que d'une juste prépondérance du sentiment sur la raison et même sur l'activité »[3] et fait même de « la prépondérance continue du cœur sur l'esprit » le dogme fondamental du positivisme[4]. Il estime que le règne des sentiments est favorable à la raison. Ceci s'explique par le fait que pour Comte nos connaissances forment un système unique et une science unique, qui est celle de l'Humanité. Son élaboration dépend donc de deux conditions : étudier notre condition extérieure, puis notre condition

1. *Discours sur l'ensemble du positivisme*, *op. cit.*, préface, p. 39 et 41.

2. *Ibid.*, p. 44.

3. *Ibid.*, p. 50 *sq.*

4. *Ibid.*, p. 58.

intérieure, en ce sens que pour comprendre la société et la « sociabilité », il est nécessaire de connaître d'abord le milieu « où elle se développe », ainsi que l'agent qui la manifeste.

L'enchaînement est, pour lui, très clair :

> avant d'aborder la science finale, il faut donc avoir assez ébauché la théorie abstraite du monde extérieur et celle de l'homme individuel pour déterminer l'influence continue des lois correspondantes sur celles qui sont propres aux phénomènes sociaux [1].

C'est donc la philosophie naturelle qui prépare la philosophie sociale et ainsi, cet intérêt pour la société, la pratique et l'Humanité a orienté la philosophie positive vers le positivisme, en tant que religion ou culte.

Il est nécessaire alors de préciser un certain nombre de points.

Est-ce que Comte se contredit, lui qui a dès le début insisté sur le dépassement nécessaire de la religion ? Qu'entend-il par religion ? En quoi consiste le catéchisme de la religion « universelle » qu'il prônait assurément, puisqu'il écrit que « c'est ainsi que le positivisme devient une véritable religion, seule complète et réelle, destinée à prévaloir sur toutes les systématisations imparfaites et provisoires qui émanent du théologisme initial »[2] ? Comment comprendre que Comte ait pu rédiger un catéchisme (1852), un dogme, un credo, alors que dans les premières lignes de la préface même de ce texte, il écrit qu'il s'agira d'exclure « irrévocablement de la suprématie politique tous les divers esclaves de Dieu, catholiques, protestants, ou déistes, comme étant à la fois arriérés et perturbateurs ».

1. A. Comte, *Discours sur l'ensemble du positivisme, op. cit.*, p. 81.
2. *Ibid.*, p. 354.

Il s'agira pour lui d'instituer une *sociocratie*, car la religion ne peut qu'être rejetée d'une manière instinctive, pour la raison claire qu'elle « méconnaît la dignité du travail jusqu'à le faire dériver d'une malédiction divine, et qui érige la femme en source de tout mal »[1].

Le catéchisme est rédigé sous la forme d'un dialogue entre Comte (le prêtre) et Clotilde de Vaux « l'angélique interlocutrice » (la femme). Il se constitue de onze entretiens, qui traitent de questions que nous ne pouvons pas ne pas nous poser, anticipant en quelque sorte l'étonnement que peut susciter la direction dans laquelle il a évolué.

Le premier entretien concerne justement le paradoxe entre le fait de publier un catéchisme et le rejet ou le dépassement de toute religion. Comment est-il possible de rédiger un catéchisme tout en ne se défaisant pas de toute religion et de toute croyance religieuse : « Comment qualifier de religion votre doctrine universelle, quoiqu'elle rejette toute croyance surnaturelle » ?

Comte répond en précisant qu'il faut comprendre « religion » dans le sens étymologique du terme, dérivant de *religare*, qui signifie relier. Ce terme se rapporte surtout à l'idée de rassembler, réunir, communier, synthétiser vers un but unique. « La religion consiste donc à *régler* chaque nature individuelle et à *rallier* toutes les individualités … »[2]. La religion représente la tendance vers cette harmonie individuelle et collective. Cette religion, l'unité de l'Humanité est universelle et tous nos efforts doivent tendre vers elle. Ce qui signifie que cette unité concerne aussi bien le physique que le moral, il ne conçoit pas une dualité de l'âme et du corps, du

---

1. A. Comte, *Catéchisme*, Paris, Flammarion, 1966, p. 34.
2. *Ibid.*, p. 60.

corps et de l'esprit. Cette unité n'est possible que grâce à une tendance instinctive à l'harmonie.

La foi positive expose les lois des phénomènes aussi bien intérieurs qu'extérieurs. Elle « explique toujours comment et jamais pourquoi »[1]. Toute foi positive repose, dit Comte, sur l'harmonie du sujet et de l'objet, elle est dirigée par l'idée d'ordre. Une foi religieuse ne peut conduire à l'activité, contrairement au dogme positif, grâce à la soumission aux lois fondamentales qui permet notre intervention. En effet, la grande différence qu'on peut déjà relever entre le prêtre et le sacerdoce positif réside dans le savoir encyclopédique de ce dernier, même si sa transmission doit passer par les femmes et les prolétaires, qu'il dit être « spontanément attachés » au but social de la révolution. « Le dogme positif consacre directement notre activité ».

Malgré ce que Comte ait pu écrire pour continuer à se défaire de la religion, il est indéniable que le positivisme en est une, dans le sens où il s'agit bien d'un dogme, auquel est attaché une idole et une pratique, à savoir tout un culte. On a le sentiment que nous sommes en présence d'une sorte de religion ou de secte même, auxquelles il faut se vouer complètement. L'individu devient pratiquement une abstraction, il est au service du *Grand Être* et on peut s'interroger sur l'émancipation de tout ce qui est absolu, non empirique et en même temps irrationnel, et qui constitue le point de départ de sa philosophie.

L'autorité n'est certes pas Dieu, mais l'Humanité, le Grand être, auquel il faut sacrifier son individualité. De plus, Comte établit tout un culte à respecter et qui s'adresse aux « adorateurs de l'Humanité », avec des heures de prières, qui

1. A. Comte, *Catéchisme, op. cit.*, p. 65.

sont de véritables effusions sentimentales, des fêtes à célébrer, des rites exposés dans son catéchisme de 1852, un clergé et une organisation extrêmement rigide de la société. Comte est allé jusqu'à choisir une centaine de livres pouvant constituer une bibliothèque qui pourrait suffire à l'éducation de tout positiviste.

L'intelligence est de plus complètement subordonnée aux sentiments. En effet, selon le septième entretien,

> ces effusions solennelles tendent sans cesse à nous inspirer une sincère humilité. Car elles nous font profondément sentir combien, malgré nos meilleurs efforts collectifs, nous sommes incapables de ne jamais rendre au Grand Être plus qu'une minime partie de ce que nous avons reçu [1].

Il s'agit d'adopter une nouvelle manière de vivre dans laquelle tout est conditionné par le collectif. « Notre véritable unité – dit-il – consiste surtout à vivre pour autrui. Le culte est ensuite destiné principalement à développer les sentiments qu'exige une telle disposition » [2]. Ce qui sera rendu possible par l'éducation, dont s'occuperont les femmes. Cette éducation positive intellectuelle et affective « rendra profondément familière notre entière dépendance envers l'Humanité » [3]. Il faut noter que l'Humanité est constituée par l'ensemble des êtres passés, présents et futurs, et plus exactement par ceux qui ont contribué, contribuent et contribueront « à perfectionner l'ordre social ». Conséquemment à cette conception de l'Humanité, tous ceux qui ne contribuent pas et qui ne coopèrent pas à « l'existence commune » [4] seront en quelque

---

1. A. Comte, *Catéchisme, op. cit.*, 185.
2. *Ibid.*, p. 201.
3. *Ibid.*, 9ᵉ entretien.
4. *Ibid.*, p. 78.

sorte «excommuniés». Il est alors difficile de concevoir en même temps que grâce à la morale positive qui s'installerait naturellement, tous œuvreraient pour la solidarité sociale et ainsi le bien public assurerait le bien privé. La vie sociale est ainsi réglée par des devoirs, et il va même jusqu'à dire que «la notion de droit doit disparaître du domaine politique, comme la notion de *cause* du domaine philosophique»[1]. Il imagine une sorte de fusion entre les hommes, permise par une éducation sur «des principes fixes de jugement et de conduite» renforcé par des rituels. Tout se fera nécessairement et naturellement et ceux qui ne voudront pas ou ne pourront pas souscrire à cette évolution de par l'éducation uniforme seront traités en conséquence. Comte qui a voulu se libérer de tout absolutisme, prône quand même en dernière analyse une religion et un culte non plus, certes, celui d'un être absolu et abstrait, mais absolu tout de même, parce qu'unique et incontournable.

En effet, le plus surprenant dans cette évolution vers un positivisme comme religion, c'est son caractère exclusif, la religion positive excluant clairement toute possibilité de pluralisme. Comte est très clair à ce sujet; il serait pour lui «irrationnel de supposer plusieurs religions», de la même manière qu'il serait irrationnel de supposer qu'il puisse y avoir plusieurs santés pour le corps[2]. La religion serait consensuelle, comme la santé l'est pour le corps. Toujours dans un esprit évolutionniste, Comte la considère comme l'aboutissement de tout un processus de synthèse qui s'opère entre l'individu et la collectivité. L'existence de chaque individu est ainsi réglée, lorsqu'il atteint l'état positif, dont la conséquence sera de

1. A. Comte, *Catéchisme*, *op. cit.*, p. 237.
2. A. Comte, *Système de philosophie politique*, *op. cit.*, chap. 1.

« rallier les diverses individualités » de façon à ce que l'individu devienne membre de la collectivité et même de l'Humanité.

La religion est cette unité complète, celle de l'individu et celle des individus entre eux. « La véritable unité consiste à lier le dedans et le relier au dehors » [1]. La religion doit effectivement, selon Comte, embrasser toutes les faces de notre existence : l'esprit, le sentiment et l'agir. C'est le dogme qui fournit les lois devant et pouvant régler à la fois les sentiments et la conduite aussi bien privée que publique. On comprend alors l'importance de la philosophie positive comme étape préparant en fait au positivisme, lequel se manifeste dans la subordination totale à l'ordre collectif. Comte parle de « domination » de la sociabilité sur l'individualité. Cette dépendance est connue empiriquement et c'est avec l'avènement de la sociologie, donc la découverte des lois sociologiques, que l'influence de l'espèce sur l'individu devient systématique. L'unification, la synthèse et la systématisation atteint ainsi son but : l'ordre complet qui constitue le dogme. C'est ainsi que « l'ordre individuel s'y trouve subordonné à l'ordre social, comme celui-ci à l'ordre matériel ». Cette progression se ferait naturellement et normalement. Nos besoins intellectuels, théoriques et pratiques exigent la connaissance de l'ordre universel. Cette connaissance nous permet alors d'apprécier notre nature et cette « étude approfondie » de l'ordre universel nous révèle le Grand Être.

Donc, le principe fondamental de la religion positive consiste à tout ramener à l'Humanité. Ce culte unique de l'Humanité est constitué par celui des hommes dits supérieurs, tels que Moïse, Archimède, César, Dante, Shakespeare,

---

1. A. Comte, *Système de philosophie politique*, *op. cit.*, chap. 1.

Descartes… Chacun de ces hommes a été durant sa vie « une certaine personnification du Grand Être ».

Même si le rôle des femmes est présenté comme essentiel par Comte, il est secondaire, puisqu'elles ne sont que des charnières permettant de faire le lien entre l'Humanité et les hommes. Les femmes sont pour lui « supérieurs par l'amour, mieux disposées à toujours subordonner au sentiment l'intelligence et l'activité ». Cette fonction d'intermédiaire est qualifiée de « sublime destination » des femmes ; ce sont elles qui rattachent les hommes à l'Humanité.

Étant donné que le but ultime du positivisme consiste dans une harmonie totale des individus, en ce sens qu'ils concourent vers le bien de l'Humanité, il ne peut se concrétiser en fait que dans la morale. Cette finalité morale du positivisme permet de distinguer particulièrement le Comtisme du positivisme logique.

Un des points importants qui distinguerait Comte du Cercle de Vienne consiste également dans leur manière de considérer l'éthique et la morale. Si pour Comte, la philosophie positive œuvre au final pour la morale et que la sociologie n'est finalement pas le dernier maillon de la chaîne évolutive des sciences, on peut dire que pour les néopositivistes, l'éthique a aussi un statut particulier par rapport aux autres disciplines. Pourtant ce statut particulier ne lui confère pas une importance particulière, même s'il est, paradoxalement, dû à ce qui peut paraître commun aux deux écoles, à savoir la méfiance à l'égard de tout ce qui dépasse l'expérience.

En effet, dans une perspective néo-positiviste, opposer une philosophie scientifique à une philosophie d'inspiration métaphysique et spéculative, en se basant, d'une part, sur une théorie du sens, liée au réel et à la possibilité de l'expérience, et d'autre part, sur le projet de réaliser une science unitaire, ne pouvait que poser certaines difficultés dans la manière de traiter des questions qui ne s'insèrent pas dans ce qu'on a l'habitude d'appeler science, qu'elle soit matérielle ou formelle. L'intérêt plus prononcé des philosophes néopositivistes pour les sciences est certain et on leur a même reproché de ne s'intéresser qu'à la science et d'ignorer d'autres questions telles que celles reliées à l'éthique et à la morale par exemple. En réalité, cette « accusation » fait encore partie des préjugés et des malentendus qui entourent « la philosophie » du Cercle de Vienne et n'est justifiée, en réalité, ni pour la philosophie néopositiviste, y compris à ses débuts, Schlick en est peut-être la meilleure illustration, en ce sens qu'il s'est toujours autant intéressé à l'éthique et à l'esthétique qu'à la théorie de la connaissance et à la philosophie des sciences, ni, d'ailleurs, pour la philosophie analytique de façon générale.

Déjà Wittgenstein, qui avait fortement influencé, sinon même impressionné les membres du Cercle de Vienne, avait fait de l'éthique la question essentielle, aussi bien à l'époque du *Tractatus* qu'à son retour à la philosophie en 1929, en justifiant le choix de l'éthique comme thème de sa première conférence par le fait qu'il avait souhaité la consacrer à une question plus importante que la logique [1]. Dans ce même esprit Schlick estimait que le groupe de Vienne avait la même attitude que Socrate à l'égard des questions des valeurs et de la morale. Il avait clairement affirmé que pour lui, l'éthique représentait pratiquement la question philosophique et qu'il était conscient que la clarification des concepts de la morale était infiniment plus importante pour les hommes que tous les problèmes théoriques [2]. Il s'était toujours opposé à toute

1. Wittgenstein, *Conférence sur l'éthique*, dans *Leçons et conversations*, Paris, Gallimard, 1971.

2. M. Schlick, *L'école de Vienne et la philosophie traditionnelle*, *op. cit.*, p. 107.

identification de la philosophie avec la logique de la science, en ce sens que si le terme « logique » avait certainement sa place, il considérait comme maladroit de l'associer au terme « science » dans le but de limiter le champ de l'analyse et d'en exclure les questions relatives à la vie quotidienne.

Pour avoir une idée sur la manière dont le problème de l'éthique a été posé dans une épistémologie néopositiviste, il serait opportun de considérer brièvement la manière dont quelques représentants du Cercle de Vienne l'ont fait.

Selon H. Reichenbach [1], par exemple, « nous avons affaire dans le domaine de l'éthique à des consignes morales. Nous n'avons, par conséquent, affaire ni à des énoncés synthétiques, qui ne peuvent être qu'*a posteriori*, ni à des énoncés analytiques, mais seulement à des directives » [2]. Par conséquent, les énoncés éthiques ne sont ni vrais, ni faux, mais il considère qu'ils ont quand même un sens, lequel ne pouvant pas être cognitif, ne peut être qu'instrumental [3]. L'éthique n'a rien à voir, ni directement, ni indirectement avec les méthodes scientifiques, car « la science nous dit ce qui est, mais pas ce qui doit être fait » [4]. On voit ici que Reichenbach est assez catégorique et une morale « positive » qui serait une autorité à laquelle reviendrait d'organiser nos vies est exclue, car une science est composée de propositions vraies ou fausses et une directive n'est pas une proposition au sens propre du terme. Stegmüller parle d'ailleurs à ce propos d'un troisième dogme de l'empirisme logique, à côté des deux énoncés par Quine dans son

1. *Cf.* H. Reichenbach, *The rise of scientific philosophy*, Berkeley-Los Angeles, University of California Press, 1951, chap. 17.
2. *Ibid.*
3. *Ibid.*
4. *Ibid.*

fameux article *Les deux dogmes de l'empirisme logique*[1], à savoir le vérificationnisme et le réductionnisme. Mais il a tort et ce jugement est très partial, car un bon nombre de néopositivistes ont émis la possibilité de traiter de l'éthique. On peut dégager deux options possibles : soit une éthique empirique, telle que développée par Schlick, dans *Fragen der Ethik*[2], soit une méta-éthique, telle que développée par Carnap, Reichenbach et Ayer entre autres. De plus, en 1937, Victor Kraft avait publié *Grundlagen einer wisssenschaftlische Wertlehere* (*Fondements d'une théorie scientifique de la valeur*).

C'est ainsi que selon Ayer[3] dans *Langage, logique et vérité*, seuls les énoncés qui définissent ou clarifient des termes éthiques et qui expliquent les jugements en les justifiant peuvent constituer « la philosophie éthique ». En effet, « Ce qui nous intéresse – dit-il –, c'est la possibilité de réduire toute la sphère des termes éthiques à des termes non éthiques. Nous cherchons à savoir si les jugements de valeur éthiques peuvent être traduits en jugements de faits empiriques »[4]. Ce qui est conforme à la tâche que devra entreprendre la philosophie et qui consiste à reconstruire tout discours, y compris les discours des sciences humaines, à partir des énoncés de base empiriques[5].

Mais parmi les philosophes du Cercle de Vienne et même, peut-être les philosophes analytiques de la première période,

---

1. W.V. Quine, *Les deux dogmes de l'empirisme logique*, dans *Du point de vue logique*, Paris, Vrin, 2003.

2. M. Schlick, *Fragen der Ethik*, Frankfurt a.M., Suhrkamp Verlag, 1984.

3. *Cf.* A.J. Ayer, *Langage, logique et vérité*, Paris, Flammarion, 1965, chap. VI.

4. *Ibid.*, p. 154.

5. *Ibid.*, p. 147.

Schlick peut, à juste titre, être considéré comme étant celui qui a réfléchi le plus sur l'éthique, en montrant la possibilité de faire une science des normes. On voit ainsi que l'éthique a un statut assez particulier, lequel ne pouvait que susciter, au moins, une discussion sur sa capacité à être scientifique ou positive.

Il défend, en effet, l'idée d'une science des normes, qui consiste à systématiser et à hiérarchiser ce qui vaut comme bon. Pour lui, et contrairement à Kant, la tâche principale de l'éthique consiste dans l'explication causale du comportement moral. Il défend ces idées dans *Fragen der Ethik* de 1930. Dans la préface du livre, il fait remarquer qu'habituellement, l'éthique est considérée comme une partie de la philosophie. Or selon la conception néopositiviste de la philosophie, celle-ci n'est pas une science et n'est donc pas un système d'énoncés, mais ne peut qu'éclairer le contenu des énoncés scientifiques. Dans ce cas, qu'est-ce qu'un écrit sur l'éthique peut bien contenir?

Schlick relève un certain nombre de problèmes et d'impasses relatifs aux questions éthiques faisant qu'il n'accepte pas certaines conceptions de l'éthique défendues par ses contemporains. En effet,

1) si on considère qu'il y a des questions éthiques qui ont un sens et qui peuvent recevoir une réponse, l'éthique sera alors une science, c'est-à-dire un système d'énoncés. Or, une science ne peut être que théorique par définition;

2) si on considère que l'éthique doit donner une définition du bien, et si elle « s'épuise » à décrire les usages de ce terme, elle devient alors une branche de la linguistique et n'a plus d'intérêt en tant que telle. Pour lui, comme l'avait déjà fait

remarquer Moore, « les vrais problèmes de l'éthique sont sûrement d'une toute autre nature » [1] ;

3) il critique fortement l'idée que le bien puisse être saisi à travers des caractéristiques purement formelles, car si le bien est ce qui est exigé (*Gefordete*), ce qui nous importe, c'est plutôt le contenu des énoncés éthiques. On ne peut accepter une définition du bien comme étant le commandement et une définition du mal comme étant l'interdit.

Dans ce cas comment Schlick va-t-il procéder en proposant, en quelque sorte, une investigation empirique sur le terrain ?

Il part de l'idée que nous ne pouvons connaître la signification du bon qu'en déterminant les façons d'agir chez les différents peuples, ce qui permettra de découvrir s'il y a une multiplicité de morales ou si cette multiplicité n'est en réalité qu'apparente.

Pour ce faire, Schlick propose une méthode qui consiste à regrouper les caractéristiques générales d'un ensemble de comportements bons en une règle de la forme : « Un type de comportement doit être déterminé de telle et telle manière pour être dit bon ou mauvais » [2]. Et il insiste, par conséquent, sur l'idée qu'une telle norme n'est pas autre chose que la pure interprétation d'un fait de la réalité. Cette norme ne donnera ainsi que les circonstances dans lesquelles un comportement, une opinion ou un caractère sont effectivement qualifiés de bons, c'est-à-dire sont évalués moralement. « La présentation des normes n'est pas autre chose que la consolidation du concept de bon, que l'éthique essaie de connaître » [3].

1. M. Schlick, *Fragen der Ethik*, *op. cit.*, p. 57.
2. *Ibid.*, p. 63.
3. *Ibid.*

Étant donné que ces normes sont très nombreuses, nous pouvons les comparer entre elles et les regrouper en classes. Les normes faisant partie de chaque classe ont quelque chose en commun que nous pouvons caractériser comme étant des normes générales. Celles-ci constituent une classe d'ordre supérieur, sur laquelle nous recommençons l'opération et nous aboutissons ainsi à des règles plus générales qui peuvent donner ou constituer une définition de ce qui est bon. C'est cette méthode adoptée par une science des normes qui permet de connaître les circonstances de la découverte d'une hiérarchie de normes ou de règles et d'expliquer ainsi les degrés les plus bas par les degrés les plus élevés [1].

Ainsi, à la question : « pourquoi ce comportement est-il moral ? », on peut répondre : « parce qu'il tombe sous telle ou telle règle déterminée ». Et si on ajoute la question : « pourquoi les comportements qui obéissent à ces règles sont-ils moraux ? », on répond : « parce que ces règles tombent sous des règles plus élevées », avec la précision qu'une justification au-delà des degrés les plus élevés n'est pas possible.

Il est à noter que cette conception d'une science des normes souscrit à la conception de la science en général, comme étant un système de connaissances, qui permet de ramener le particulier au plus général et de construire ainsi une « pyramide », dans laquelle le particulier se trouve toujours sous le plus général [2].

Le plus important à retenir pour une science des normes, c'est qu'elle ne peut jamais créer de normes, ni trouver des règles de jugement, mais elle ne peut que les *reconnaître*.

---

1. M. Schlick, *Fragen der Ethik*, *op. cit.*, p. 65.
2. Voir M. Schlick, *Das wesen der Wirklichkeit*, dans *Die Probleme der Philosophie in ihrem Zusammenhang*, Frankfurt a.M., Suhrkamp Verlag, 1986.

En d'autres termes, l'origine des normes est en dehors de la connaissance, et lorsque l'éthique répond à la question « qu'est-ce que le bien ? », la réponse doit nous dire ce que le bien ou le bon signifient effectivement, « mais ne peut jamais nous informer sur ce que bon doit signifier » [1]. C'est donc une question de fait et la signification de ce que nous entendons par bien est déterminée par la société.

L'éthique, comme science des normes, présente un ordre hiérarchique de règles dans lequel à tout comportement revient une place déterminée, qui est en rapport avec sa valeur morale. Si selon Schlick aucune connaissance authentique du bien n'est possible [2], en quoi sa position diffère-t-elle de celle de Wittgenstein ?

Pour ce dernier, les valeurs ne peuvent en aucun cas être traitées de la même manière que les objets ou les faits. En d'autres termes, aucun parallèle ne peut être établi entre le domaine des valeurs et celui de la réalité physique. Dans le *Tractatus*, il rapproche les énoncés éthiques plutôt des énoncés logiques, ce qui est insensé pour Schlick, ces énoncés étant vides de sens.

Donc, bien que, au premier abord, on puisse penser que les conceptions néopositivistes s'accordent avec celles de Wittgenstein, en ce sens que l'éthique a certainement un statut différent des disciplines plus empiriques, celui-ci refusait, en réalité, à la fois les deux solutions préconisées par les néopositivistes, à savoir une reconstruction de l'éthique ou une science des normes.

D'après cet aperçu sur la manière dont Ayer et surtout Schlick ont traité de l'éthique, il est clair que des questions ne

1. M. Schlick, *Fragen der Ethik, op. cit.*, p. 66.
2. *Ibid.*, p. 69.

se rapportant ni à la physique, ni à la logique et ni aux sciences, en général, ont bel et bien été traitées au sein du Cercle de Vienne. Ce qui est spécifique à ces philosophes du Cercle réside dans leur manière de traiter ces questions, et dans le fait qu'ils développent une conception unique du scientifique, du connaissable et même du dicible, déterminant les critères auxquels tout discours doit se soumettre. Leur intérêt concernait donc plutôt les énoncés éthiques qu'une morale qui serait capable d'organiser et de réguler nos vies.

En effet, d'une part, lorsque les néopositivistes ont traité de l'éthique, c'est pour montrer la possibilité d'en faire soit une science empirique et descriptive (Schlick) soit un discours empirique (Carnap, Ayer) par le biais de la méthode de réduction; d'autre part, ils ont, en général, opposé le rationnel à l'affectif. C'est ainsi, par exemple, que pour définir la philosophie scientifique en l'opposant à toute spéculation, et en particulier, à la métaphysique, Carnap l'a opposée à tout ce qui est affectif et du domaine du pur sentiment. Les problèmes de non-sens que nous rencontrons dans la métaphysique viennent du fait qu'elle essaie d'exprimer les sentiments de la vie, comme on exprime des expériences. Dans ce cas, on ne peut comprendre ce que le métaphysicien essaie d'exprimer car il utilise un langage qui n'est pas du tout approprié.

Les sentiments ne peuvent donc être exprimés d'une manière sensée, dans un langage sensé et donc vérifiable. En revanche l'art est le moyen le plus approprié pour exprimer nos sentiments. Ceux-ci sont donc en dehors de toute rationalité pour les néopositivistes, et la raison ne peut certainement pas être dominée par les sentiments.

Vu la manière dont la philosophie positive a évolué de façon à ce que le positivisme ait pour mission de régler toute notre vie intellectuelle, sociale et morale, par le biais d'une éducation et d'un culte uniques et uniformes, il est clair que le positivisme va à l'encontre du positivisme logique ou du néopositivisme qui a tout mis en œuvre pour développer une philosophie comme activité de discussion, d'élucidation et d'argumentation, visant justement à bannir toute forme d'indicible et de non-sens, tels que la métaphysique, certes, mais aussi toute forme de religion et d'idéologie. Le positivisme moderne va à l'encontre de tout dogme, culte et organisation utopique de la vie des individus. On comprend pourquoi Mill avait jugé cette autorité du grand prêtre de l'Humanité de carrément « terrifiante ».

CONCLUSION

Il est important de distinguer la philosophie positive du positivisme. Dans une première étape de sa pensée, Comte a mené, à ses dires, une étude que l'on peut qualifier d'historique, d'anthropologique et d'empirique concernant le développement de l'esprit. Ce dernier passe nécessairement et inévitablement, que ce soit sur le plan individuel ou sur celui de l'espèce par trois étapes successives : fictive, imaginative et scientifique ou positive. Cette dernière étape est définitive, et œuvre, grâce à l'étude des faits sociaux, à l'organisation politique et sociale.

C'est ce qui peut nous permettre de dire que la philosophie positive n'a pas de vocation épistémologique, mais plutôt pédagogique, anthropologique et surtout sociale. Elle est orientée vers l'humanité. La seconde étape de sa philosophie, une fois ce dernier stade atteint, verra le Comtisme se transformer en une religion. Comte se défend de toute religiosité en mettant l'accent sur le fait qu'il utilise le terme de religion dans son sens étymologique, et que dans ce cas, il n'y a pas de contradiction à présenter la philosophie comme religion.

Toutefois, le fait que le positivisme, comme toute religion, « se rapporte à la fois au raisonnement et au sentiment, dont *chacun* serait impropre à établir une véritable unité, individuelle ou collective »[1], ainsi que le fait qu'une espèce de soumission encadrée soit prônée par Comte peut quand même susciter des interrogations. On peut dire que Comte élargit son programme positif, en complétant l'unification des sciences par une unification de la nature de l'homme, cette unification étant morale, et réalisable par les sentiments, l'altruisme et le renoncement à soi au profit de l'Humanité, dont on est membre. Mais si la destination dernière du positivisme est morale, cela ne contredit pas qu'elle soit aussi religieuse. Même si Comte insiste pour dire qu'il prend le terme religion dans son sens étymologique, il prône quand même le renoncement de l'individu à soi et la mise au service d'une autorité, même s'il s'agit de l'Humanité. De ce fait, on ne retrouve plus trace de l'émancipation et de la libéralisation des chaînes de toute autorité (théologique et métaphysique), dont il avait parlé dans sa première philosophie. Il énonce dans le *Catéchisme* que « aucune société ne peut se conserver et se développer sans un sacerdoce quelconque »[2]. Même si celui-ci est fondé sur le système des sciences, il prône tout de même un système d'éducation universelle, lequel permettra de systématiser la morale à laquelle tous les individus participent. C'est l'esprit positif qui pourra développer ce sentiment social et donc c'est par le biais de la philosophie positive qu'une morale saine pourra se développer.

En effet, de l'étude des phénomènes sociaux a résulté des lois aussi bien dynamiques que statiques, lesquelles ont

1. A. Comte, *Système de politique positive, op. cit.*, 1 re partie, chap. 1.
2. A. Comte, *Catéchisme, op. cit.*, p. 206.

montré que la destinée de chacun est liée à celles de tous les autres, vivants et disparus et ainsi « l'homme se sent subordonné à l'humanité »[1]. C'est ainsi que tout se rapporte à l'Humanité, et c'est le principe fondamental de la religion.

Ce que Comte appelle « la formule sacrée des positivistes » énonce *l'Amour pour principe, l'ordre pour base et le progrès pour but*. Tout ceci sera unifié dans la religion de l'Humanité et c'est de cette manière que la philosophie positive se transforme en une religion organisée et organisatrice de l'éducation, de la morale et de la pratique. C'est probablement la transformation de cette philosophie en un véritable culte, qui a fait que Mill se soit détourné de Comte et que le Positivisme logique avait pour principale objection à cette appellation la crainte d'être associé au positivisme de Comte.

Le positivisme logique se situe aux antipodes de cette philosophie, qui exclut l'individu et propose un culte de l'Humanité avec l'effacement de l'individu et sa soumission au grand être. Il ne propose, au contraire, aucun dogme et aucune philosophie proprement dite, mais un programme unificateur des sciences, lequel a traversé différentes étapes dans l'histoire du Cercle de Vienne et dont certaines parties sont apparues sous la forme d'une encyclopédie des sciences unitaire. Ce qui est, peut-être, le plus important à relever c'est que les néopositivistes n'ont jamais renoncé à leur rationalisme, ce qui n'est pas le cas pour Comte, puisque l'intelligence est ramenée sous la coupe des sentiments. C'est ce qui a conduit Mill à parler de la « dégénération intellectuelle »[2] du Comtisme.

1. A. Comte, *Catéchisme, op. cit.*, p. 206.
2. J.S. Mill, *A. Comte et le positivisme*, Paris-Londres-New York, Germer Baillère, 1868, p. 201.

Donc, même si l'élaboration de la philosophie positive comtienne a été portée par un élan anti-spéculatif, Comte finit par insister dans la deuxième partie de son œuvre sur l'idée que c'est en étant subordonné au sentiment que la raison peut acquérir son autorité à diriger notre existence. Le positivisme devient une religion comme mode d'existence capable de procurer l'épanouissement individuel et social. En revanche, le positivisme logique ne présente qu'une méthode scientifique de s'adonner à l'activité philosophique, permettant d'échapper à tout dogmatisme et à tout discours insensé et inutile. Cette activité ne concerne pas uniquement les sciences ou plus exactement le langage de la science, mais les membres du Cercle de Vienne se sont intéressés à notre langage en général. Le fondateur du mouvement, Schlick en est peut-être la meilleure illustration, en ce sens qu'il s'est toujours – comme on l'a vu – autant intéressé à l'éthique qu'à la science.

Des questions ne se rapportant ni à la physique, ni à la logique ni aux sciences en général, ont bel et bien été traitées par les membres du Cercle de Vienne, lesquels n'ont pas cessé d'adopter les mêmes conceptions et critères du sens et de la scientificité. Leur préoccupation générale se trouvait justement dans l'exigence de critères garantissant la scientificité et le sens de notre discours.

On peut relever qu'à la même période, le Cercle de Vienne a, d'ailleurs, connu une autre école positiviste, à savoir le positivisme juridique, qui n'avait qu'un point commun avec celle du Cercle, celui de ne pas dépasser les limites du langage et donc d'éliminer tout ce qui est spéculatif, c'est-à-dire qui échappe à tout contrôle empirique ou logique. Dans son ouvrage récapitulatif, *Kleines Buch des Positivismus*, Richard von Mises présente les différentes facettes du positivisme, y compris la problématique du *Sein-Sollen* et l'accord des positivistes logiques avec la doctrine pure du droit de Hans

Kelsen[1] au sujet de la dichotomie de l'être et du devoir être, malgré leurs divergences.

La dichotomie entre l'être (*Sein*) et le devoir-être (*Sollen*) est logique pour les positivistes et consiste dans le fait que l'on ne peut déduire l'être du devoir-être, ni le devoir- être de l'être. Par contre, pour Kelsen le dualisme ne se situe pas entre deux types de propositions mais entre l'*être* et le *devoir être* : de l'être, on ne peut déduire le devoir être et des faits, on ne peut déduire des normes. Ce n'est pas une thèse logique de métalangage qui distingue les énoncés factuels des énoncés normatifs, mais une thèse ontologique. Kelsen insiste sur cette distinction. Pour lui, une norme n'est ni vraie, ni fausse, mais seulement justifiée ou non justifiée. Kelsen avait fait remarquer que sa doctrine du droit recoupait d'une manière frappante la philosophie du Cercle de Vienne et ce, justement dans la tendance antimétaphysique commune[2].

Ainsi, donc, à l'origine les termes « positif » chez Comte et « positiviste » chez les membres du Cercle de Vienne et même chez les positivistes juridiques se rejoignent certainement dans la méfiance à l'égard de toute forme de spéculation ainsi que dans le rejet du non scientifique, du non objectif ainsi que

---

1. R. von Mises, *Kleines Buch des Positivsmus*, Frankfurt a.M., Suhrkamp, 1995, p. 461 : « Wir stimmen mit der "Reinen Rechtslehre" von Hans Kelsen darin überein, dass Sein und Sollen nicht dasselbe sind, dass sie, wenn man sich so ausdrücken will, ,auf verschiedenen Ebenen liegen ».

2. Voir *Logischer Empirismus und reine Rechtslehre*, C. Jabloner et F. Stadler (eds.), Wien-New York, Springer, 2001, B. 10, p. 20 : « ... ich nicht eigentlich zu dem so genannten, Wiener kreis im engeren Sinne des Wortes gehörte. Ich kam mit diesem kreis in persönliche Berührung durch meine Bekanntschaft mit Prof. Schlick, Dr. Otto Neurath, Prof. Philipp Frank und Prof. Victor Kraft. Was mich mit der Philosophie dieses Kreises verband – ohne darin von ihr beeinflusst zu sein – war ihre anti-metaphsische Tendenz. Die Moralphilosophie dieses Kreises... habe ich von anfang abgelehnt ».

du non-sens. Toutefois, le moins qu'on puisse dire, c'est que le positivisme de Comte s'écarte du premier sens de sa philosophie positive, dont il est pourtant censé être l'aboutissement et l'achèvement. Le fondement d'une religion positiviste ne peut qu'aller à l'encontre du but que Comte avait fixé à sa philosophie positive et à l'encontre de tout esprit positif « sans Dieu, ni roi », une sorte de soumission, y compris à l'Humanité au détriment de l'individu ne pouvant faire exception.

Contrairement à cet état utopiste et définitif d'achèvement, le positivisme logique n'a rien de définitif, et se distingue par les discussions qui ont permis à la pensée de chacun des membres du Cercle de Vienne d'évoluer dans des directions différentes. De plus, ce mouvement d'entre les deux guerres constitue une étape importante de la philosophie analytique : il a d'ailleurs donné une impulsion à une bonne partie de la philosophie contemporaine et actuelle grâce à la phase internationale du mouvement d'émigration de certains positivistes logiques aux États-Unis.

TEXTES ET COMMENTAIRES

TEXTE 1

R. Carnap, O. Neurath et H. Hahn
La conception scientifique du monde. Le Cercle de Vienne[*]

Clarifier des problèmes et des énoncés, et non pas poser des énoncés proprement « philosophiques », constitue la tâche du travail philosophique. La méthode de cette clarification est celle de l'*analyse logique*; Russell dit à son propos qu'elle s'est progressivement introduite sous l'influence critique des mathématiques. Il y a ici, je crois, un progrès comparable à celui que Galilée fit accomplir à la physique : la substitution de résultats partiels vérifiables à de vastes généralités non testées qui se recommandent seulement d'un certain appel à l'imagination.

C'est cette méthode de l'analyse logique qui distingue essentiellement le nouvel empirisme de ceux d'autrefois dont l'orientation était davantage biologique et psychologique. Lorsque quelqu'un affirme : « Il y a un Dieu », « L'Inconscient est le fondement originaire du monde », « Il y a une entéléchie comme principe directeur du vivant », nous ne lui disons pas : « Ce que tu dis est faux », mais nous lui demandons :

[*] *Le Manifeste du Cercle de Vienne*, Paris, Vrin, 2010, p. 111-114.

«Qu'est-ce que tu signifies avec tes énoncés?». Une démar-
cation très nette apparaît alors entre deux espèces d'énoncés :
d'un côté les affirmations telles que les formules de la science
empirique ; leur sens peut être constaté par l'analyse logique,
plus précisément par le retour aux énoncés les plus simples
portant sur le domaine empirique. Les autres énoncés, parmi
lesquels ceux que l'on vient de citer, se révèlent complètement
dénués de signification quand on les prend au sens où l'entend
le métaphysicien. Certes, on peut souvent les réinterpréter
comme des énoncés empiriques ; mais alors, ils perdent le
contenu émotionnel qui, dans la plupart des cas, est justement
essentiel pour le métaphysicien. Le métaphysicien et le théologien se méprennent eux-mêmes, croient dire quelque chose
dans leurs énoncés, présenter un état de choses. L'analyse
montre pourtant que ces énoncés ne disent rien, mais ne sont en
quelque sorte que l'expression d'un sentiment de la vie.
L'expression d'un tel sentiment de la vie constitue à coup sûr
une tâche importante de la vie. Mais le moyen d'expression
adéquat en est l'art, par exemple la poésie et la musique. Si à
leur place, on choisit l'habillement linguistique d'une théorie,
cela comporte un danger : un contenu théorique est simulé là
où il n'y en a pas. Si un métaphysicien ou un théologien
persiste à prendre le langage pour habit, il doit en être bien
conscient et faire savoir clairement qu'il ne s'agit pas
d'une description, mais d'une expression, non d'une théorie,
laquelle communique une connaissance, mais de poésie et de
mythe. Quand un mystique affirme avoir des expériences qui se
situent au-dessus ou au-delà de tous les concepts, on ne peut le
lui contester. Mais il ne peut en dire quelque chose, car parler
signifie capter [quelque chose] dans des concepts, réduire à
des faits susceptibles d'être intégrés à la science.

La philosophie métaphysique est rejetée par la conception scientifique du monde. Mais comment expliquer les errements de la métaphysique? Cette question peut être posée de différents points de vue : dans une optique psychologique, sociologique ou logique. Les recherches menées dans la direction psychologique en sont encore à leurs débuts... Il en est de même avec les recherches sociologiques...

On et allé plus loin dans la mise en évidence de l'origine logique des errements métaphysiques, en particulier grâce aux travaux de Russell et de Wittgenstein. Dans les théories métaphysiques et déjà dans la position des questions, se dissimulent deux fautes logiques fondamentales : une dépendance trop étroite vis-à-vis de la forme des langues traditionnelles, et un manque de clarté à l'endroit des performances logiques de la pensé... La seconde erreur fondamentale de la métaphysique réside dans l'idée que la pensée est capable, en partant d'elle-même et sans utiliser aucun matériel empirique, d'aboutir à des connaissances ou du moins d'inférer de nouveaux contenus à partir d'états de choses donnés. La recherche logique aboutit par contre au résultat que toute pensée, toute inférence, ne consiste en rien d'autre qu'en une transition d'énoncés à d'autres énoncés qui ne contiennent rien qui n'ait déjà été dans les premiers (transformation tautologique). Il n'est donc pas possible de développer une métaphysique à partir de la « pensée pure ».

Ainsi, l'analyse logique ne triomphe pas seulement de la métaphysique au sens propre et classique du terme, en particulier de la métaphysique scolastique et de celles des systèmes de l'idéalisme allemand, mais aussi de la métaphysique cachée de l'apriorisme kantien et moderne. La conception scientifique du monde n'admet pas de connaissance inconditionnellement valide qui aurait sa source dans la raison pure, ni de

« jugement synthétiques *a priori* » comme on en trouve au fondement de la théorie kantienne de la connaissance et, *a fortiori* de toute ontologie et de toute métaphysique pré- et post-kantiennes… C'est justement dans le refus de la possibilité d'une connaissance synthétique *a priori* que réside la thèse fondamentale de l'empirisme moderne. La conception scientifique du monde ne connaît que des énoncés d'expérience sur des objets de toute sortes, et les énoncés analytiques de la logique et des mathématiques…

Nous avons caractérisé la conception scientifique du monde par deux déterminations. Premièrement, elle est empiriste et positiviste. Seule existe la connaissance venue de l'expérience, qui repose sur ce qui est immédiatement donné. De cette façon, se trouve tracée la frontière qui délimite le contenu de toute science légitime. Deuxièmement, la conception scientifique du monde se caractérise par l'application d'une certaine méthode, à savoir celle de l'analyse logique. Le but de l'effort scientifique, la science unitaire, doit être atteint par l'application de cette analyse logique aux matériaux empiriques. De même que le sens de chaque énoncé scientifique s'établit par réduction à un énoncé sur le donné, de même on doit pouvoir indiquer le sens de chaque concept, quelle que soit la branche de la science à laquelle il appartient, en le réduisant pas à pas aux autres concepts, jusqu'aux concepts du plus bas degré qui se réfèrent au donné lui-même. Si l'on effectuait une telle analyse pour tous les concepts, on les intégrerait aussi dans un système réductif, un « système constitutif ».

COMMENTAIRE

Il est difficile de trouver une définition du positivisme logique dans les différents textes néopositivistes. Ceci peut se comprendre, puisque les membres du Cercle de Vienne ne prônaient aucune philosophie et encore moins une doctrine qu'ils auraient eu à adopter d'une manière uniforme et absolue. En revanche, cette école se définit par un programme assez large et une attitude générale qui correspond à une nouvelle conception de la philosophie consistant surtout dans une méthode d'analyse du langage. Par ailleurs, différentes méthodes de réalisation de ce programme qui consiste à unifier les sciences ont été proposées par les membres du Cercle. Ce qui a même donné naissance à des discussions qui s'étaient parfois transformées en véritables polémiques, comme en témoignent les articles publiés dans *Erkenntnis* entre 1930 et 1935, ainsi que différentes correspondances.

Le texte, qui avait pour but de divulguer ce qu'on peut entendre par néopositivisme ou empirisme logique, à savoir « *La conception scientifique du monde* », est considéré comme étant une sorte de manifeste du Cercle de Vienne et, c'est à ce titre qu'il peut être éclairant pour une tentative de définition du positivisme logique. Ce texte de 1929 a été sinon co-rédigé, en tous les cas co-signé par H. Hahn, O. Neurath et R. Carnap. Les auteurs y précisent que le rôle de la philosophie n'est absolument pas de produire des énoncés. Autrement dit, ils s'attachent à distinguer la philosophie de la science, en ce sens que celle-ci est un système de propositions, qui doivent pouvoir être confrontées à la réalité, ce qui leur permet d'avoir un sens, pour ensuite se voir attribuer une valeur de vérité. Mais contrairement à la science, la philosophie n'est pas un système de propositions ; elle est plutôt une méthode d'analyse et de clarification des énoncés.

Dans ce texte, les auteurs définissent clairement la philosophie par sa tâche, qui consiste à élucider et à clarifier le langage et par sa méthode, qui est l'analyse logique. Il n'y a donc pas d'énoncés proprement philosophiques et il ne peut y avoir un sens en dehors de tout rapport au réel empirique. Les néopositivistes distinguent ainsi, les énoncés des pseudo-énoncés. Autrement dit, ils opposent les énoncés qui expriment quelque chose à ceux qui donnent l'illusion de le faire. Il est primordial de ne pas confondre le sens et ce qui est plutôt une illusion de sens. Comment déterminer le sens ?

Tout énoncé sensé est un énoncé empirique. Toutefois, il est important de noter que les énoncés empiriques sont généralement vérifiés d'une manière indirecte, dans la mesure où ils sont *ramenés* ou *réduits* à des énoncés empiriques. C'est ce qui permet de concevoir une vérification indirecte, linguistique ou logique et surtout de distinguer l'empirisme logique des autres types d'empirisme.

Les néo-positivistes distinguent les énoncés en deux catégories : les énoncés analytiques qui, en tant qu'énoncés formels, sont dépourvus de toute signification et plus précisément en dehors de toute signification, et les énoncés synthétiques qui, ne pouvant être qu'*a posteriori*, sont les énoncés empiriques. Par conséquent, une science est soit formelle, soit empirique, aucun autre mode d'expression et donc de connaissance n'est possible.

Ils souscrivent ainsi complètement à la tripartition wittgensteinienne entre les énoncés sensés (*sinnig*), ceux qui sont insensés (*unsinnig*) et ceux qui sont en dehors du sens (*sinnlos*). Cette distinction est très importante, parce que, en fin de compte, seuls les énoncés empiriques sont en réalité de véritables propositions, douées de sens. Autrement dit, les énoncés formels, ainsi que les énoncés spéculatifs sont des pseudo-propositions, mais dans un sens différent et pas au même titre. Hormis la science, aucun autre système de propositions ne peut prétendre nous informer sur un réel quelconque. Le concept de pseudo-proposition ne peut donc être compris unilatéralement : les énoncés formels sont des pseudo-propositions dans un sens positif – si l'on peut dire –, dans la mesure où ils ne sont pas informatifs et ne considèrent que les propriétés formelles du langage. Autrement dit, c'est le langage qui est pris pour objet ici. En revanche, les prétendus énoncés spéculatifs sont des pseudo-propositions mais dans un sens négatif, ils sont, plus exactement, insensés dans le sens d'absurde, parce qu'ils se veulent informatifs sur de prétendus objets, dont on ne peut pourtant avoir aucune expérience. Il serait plus exact de dire que ces énoncés sont constitués de pseudo-concepts, qui ne renvoient à rien. Il ne s'agit pas d'objets qu'on ne pourrait pas atteindre, mais de « chimères ». C'est ce qui explique qu'il ne peut y avoir d'énoncés philosophiques dans le sens traditionnel du terme et que, comme l'a déjà fait remarquer Russell, les questions philosophiques ne peuvent concerner que l'analyse du langage. Wittgenstein avait défendu la même idée et pour lui « toute philosophie est analyse du langage », même si cette conception du langage et

du sens l'a conduit à une aporie, parce qu'il refuse toute
hiérarchie du langage.

Ce rejet de la manière traditionnelle de philosopher est une
conséquence du principe du sens. Je rappelle brièvement que
dans la lignée de Wittgenstein, Carnap soutient par exemple
qu'« un énoncé n'a de sens que s'il est composé de mots ayant
une signification (*Bedeutung*) ». À cette époque, c'est-à-dire
dans le premier quart du siècle dernier, le sens des énoncés
consistait pour Wittgenstein et un certain nombre de néopositivistes, dans la possibilité de les vérifier, même d'un point de
vue théorique. En d'autres termes, un énoncé est sensé parce
que sa vérification est concevable.

Ce principe du sens déjà beaucoup moins strict qu'on a pu
le dire a encore été libéralisé par Carnap, à partir de 1936 dans
Testability and Meaning, puisque désormais un énoncé est dit
avoir un sens, s'il est vérifiable ou concevable, ou encore
confirmé ou même seulement confirmable.

Cette conception du sens liée à un principe de vérification,
beaucoup plus souple qu'on a bien voulu le croire, ne signifie
nullement que la philosophie n'a plus droit de cité ou n'a plus
de possibilité d'exister, contrairement à ce que l'on pourrait
déduire d'une telle conception du langage. Elle se voit attribuer, au contraire, une tâche primordiale, qui consiste à clarifier notre langage, c'est-à-dire à « clarifier des problèmes et
des énoncés ». Cette tâche sera remplie efficacement par
l'adoption de la méthode de l'analyse logique.

En quoi consiste cette méthode ?

Il s'agit de la méthode analytique inspirée du logicisme de
Frege et Russell. Ces derniers ont procédé à un travail
d'analyse sur l'arithmétique, puis sur toutes les mathématiques pour montrer que celles-ci peuvent être réduites à la
logique. Les lois, les principes et les concepts logiques sont

premiers par rapport à ceux des mathématiques et permettent donc de les fonder. Cette méthode appliquée aux sciences formelles ayant fait ses preuves, Russell, puis Carnap, en particulier, ont voulu l'importer en philosophie et en théorie de la connaissance. C'est de cette manière que la philosophie devient analyse du langage, d'abord au sein de l'atomisme logique, puis du positivisme logique, et c'est également de cette manière qu'elle devient scientifique grâce à l'adoption de cette méthode dite « analytique ».

Cette nouvelle tâche assignée à la philosophie permet 1) de se débarrasser d'une philosophie stérile, ainsi que de toute spéculation inutile et pouvant même devenir dangereuse en se transformant en une idéologie et 2) d'associer l'empirisme à la logique.

Tout d'abord, la première caractéristique d'un énoncé est d'avoir un sens, la proposition se définit par son sens. Une suite de mots qui n'a pas de sens n'est pas une proposition. Cette conception de la proposition apparaît avec Frege dans son article « Sens et Dénotation », dans lequel il explique que chaque signe a d'abord et nécessairement un sens et, en principe, une dénotation. Mais c'est Wittgenstein dans le *Tractatus*, qui a défini la proposition par son sens, et ce, en étant beaucoup plus intransigeant que Frege, puisqu'un énoncé dont les constituants n'ont pas de dénotation ne peut même pas avoir de sens.

En effet, dans son fameux article de 1892, Frege explique que le nom a nécessairement un sens, que l'on comprend simplement, si on connaît le langage dont il fait partie et une dénotation (signification), qui est l'objet auquel nous sommes directement renvoyés. Quant à la proposition, elle a un sens qui est la pensée exprimée par la proposition et une dénotation, qui est sa valeur de vérité. Il est donc de l'essence du signe en général d'avoir un sens, lequel renvoie, en principe, à une dénotation. Par conséquent, pour qu'une proposition ait une valeur de vérité, il faut que les mots qui la composent aient une dénotation, un référent.

Wittgenstein conçoit la relation entre le sens et la dénotation d'une manière différente, puisque le nom n'a de signification ou dénotation qu'au sein d'une proposition. Il ne renvoie donc pas à un objet[1], mais il constitue un élément de la proposition. Cette dernière n'aura de sens que si les mots qui la composent ont une signification. On voit que la définition du sens de la proposition et celle de la signification du nom se renvoient dos à dos. La proposition ne peut pas avoir de sens sans la signification des mots qui la composent et ces mêmes mots ne peuvent avoir de signification sans le sens de la proposition. Un nom a une signification, si la proposition qui le contient a un sens. Il est important de remarquer, par rapport à Frege, que pour Wittgenstein, suivi en cela par Carnap, le nom a une dénotation mais pas de sens et que seule la proposition a un sens.

Comment les néopositivistes, et tout à fait dans la lignée de Wittgenstein, comme on l'a vu, définissent-ils le sens? Pour répondre à cette question, les auteurs s'interrogent sur la possibilité que nous pouvons avoir d'affirmer certains de nos propos, tel que par exemple, « il y a une entéléchie comme principe directeur du vivant ». Cet énoncé n'est pas une proposition, dans la mesure où on ne peut lui attribuer une valeur de

---

1. Le concept d'objet dans le *Tractatus* est assez complexe, car le nom renvoie à l'objet, mais d'une manière théorique. Autrement dit, les objets sont les constituants des faits, ils ne sont donc pas indépendants les uns des autres. Ils sont interdépendants parce que toujours en connexion les uns avec les autres. De même pour le nom par rapport à la proposition. Ce n'est que dans une proposition que le nom peut avoir une signification.

vérité. Plus exactement, on n'a aucun moyen de lui attribuer une valeur de vérité. Autrement dit, cet énoncé n'a pas de sens, puisqu'on ne peut le ramener ni directement, ni indirectement à un fait. On ne peut ni proposer une méthode permettant de le vérifier, ni le ramener à d'autres énoncés empiriques. Le problème vient du fait que le métaphysicien, comme le théologien, utilisent des concepts, souvent vidés de leur contenu initial, parce qu'ils leur attribuent un contenu « émotionnel », et continuent à en parler comme si, leurs énoncés portaient sur des objets réels, étaient informatifs et exprimaient un état de choses, dont on pourrait discuter et débattre.

Il faut prendre « état de choses » dans le sens développé par Wittgenstein dans le *Tractatus*. Une proposition exprime un état de choses, si elle est composée de noms signifiants, c'est-à-dire de noms dont la signification est un objet. Ainsi, l'énoncé en question aura la possibilité d'être vérifié. Par conséquent, dire qu'un énoncé exprime un état de choses signifie qu'il n'est pas impossible de le vérifier à court ou long terme, que les conditions de sa vérification peuvent être réunies ou encore, pour reprendre l'expression de Wittgenstein, si nous savons ce qui se passerait, s'il était vrai.

En d'autres termes, seuls les énoncés composés de noms d'objets, c'est-à-dire les énoncés faisant partie d'un langage empirique ont un sens. Tous les autres énoncés sont des pseudo-propositions, de fausses propositions. Ils ont la forme grammaticale de propositions mais n'en sont pas car ils ne disent rien de précis. Le problème vient de la confusion que nous pouvons faire entre le but de la métaphysique qui consiste à exprimer des sentiments et celui du discours informatif pouvant être intégré à la science.

Carnap et Schlick ont beaucoup insisté sur cet aspect de la philosophie néopositiviste, tout en ne dénigrant pas ce qui est

de l'ordre de l'émotion. En effet, à l'instar de Kant ou même de
Popper, les émotions, la métaphysique … ne peuvent qu'être
exclues de la science. Le problème consiste moins dans la
spéculation ou la métaphysique en elles-mêmes, que plutôt
dans le fait de vouloir en faire des discours sensés, informatifs
et donc vérifiables[1]. Il est donc tout à fait possible et normal
d'exprimer autre chose que l'expérience ou la science à la
seule condition que ces disciplines non scientifiques et non
empiriques utilisent d'autres moyens d'expressions, le plus
approprié étant l'art.

La définition néopositiviste du dicible est ainsi très claire :
seuls ce qui est directement ou indirectement empirique peut
être exprimé par notre langue, en revanche, ce qui ne peut être
partagé objectivement peut être exprimé par d'autres moyens
d'expression, le tout étant de ne pas vouloir ou prétendre en
débattre inutilement. C'est sur ce point que les néopositivistes
ne s'accordent pas du tout avec Wittgenstein, lequel reconnaît
une dimension mystique à l'homme, dimension qu'il ne faut
pas entendre dans un sens religieux mais tout simplement dans
le sens d'ineffable, cette dimension étant pour lui plus importante que le dicible de surcroît. Pour lui, certains sujets
dépassent les frontières du monde et donc du langage et de la
pensée, il s'agit de tout ce dont on ne peut parler clairement et
ce sur quoi il faut donc garder le silence. En un mot, tout ce qui
peut se dire, doit se dire clairement.

Autant les néopositivistes ont repris le Wittgenstein du
Tractatus, dans sa conception du langage, du sens et du

---

1. Il faut noter que contrairement à Popper, les néopositivistes identifient
sens et science. Ils distinguent les propositions des pseudo-propositions. Pour
sa part, Popper rajoute une troisième catégorie d'énoncés les énoncés pseudo
scientifiques, qui ne sont pas scientifiques sans être pour autant insensés.

dicible, autant ils rejettent l'envers de la médaille, le mystique. Pour eux, tout peut être exprimé, mais par des moyens d'expressions différents, qu'il ne faut surtout pas confondre. Cette idée se résume dans le fait que « parler signifie capter (quelque chose) dans des concepts, réduire à des faits susceptibles d'être intégrés à la science ».

Une réflexion sur le langage, sur le sens et ses conditions de possibilités est en relation avec une nouvelle conception de la philosophie : on peut s'intéresser aux objets empiriques et également au langage sur ces objets, soit d'un point de vue formel, soit d'un point de vue sémantique, la méthode étant redevable à la logique moderne. En effet, la philosophie d'inspiration métaphysique parle du monde, de la vie, de Dieu … et propose une conception du monde, qui ne peut être que rejetée par une conception scientifique du monde, qui s'oppose tout d'abord à ces « errements métaphysiques » en ne faisant pas usage de pseudo-concepts et en utilisant l'outil de la logique.

Il sera opportun d'expliquer en quoi consiste une conception scientifique du monde et de préciser que c'est l'instrument de la logique qui a permis à la philosophie néo-positiviste de présenter une critique de la métaphysique plus virulente que celle de Hume, Comte ou Kant par exemple. C'est probablement aussi ce qui explique que les métaphysiciens avaient été beaucoup plus atteints par cette critique que par les précédentes.

Russell et Wittgenstein ont mis en évidence les problèmes logiques de la philosophie traditionnelle. Les auteurs de ce texte (Carnap, Hahn et Neurath) relèvent deux fautes majeures commises par les métaphysiciens en général : tout d'abord, ils restent prisonniers de la logique classique et de la forme traditionnelle des langues. Autrement dit, ils n'ont pas pu intégrer la logique moderne dans leur mode de pensée, à savoir, la logique des relations et la logique des prédicats. Il s'agit en particulier, bien sûr, de l'outil précieux mis à disposition par *Principia* de Russell et Whitehead. La seconde erreur consiste dans l'idée que la pensée peut se passer de tout support empirique. Nous retrouvons ici la critique du synthétique *a priori*.

Pour les néopositivistes, comme on l'a vu, tout énoncé est soit analytique, dans le sens de tautologique, soit synthétique *a posteriori*. Ce qui implique qu'aucune place ne peut être faite au synthétique *a priori*. On ne peut rien dire sans l'appui direct ou indirect de l'expérience. Reichenbach parle quant à lui de « désagrégation de l'*a priori* » pour résumer en quelque sorte le programme néopositiviste.

Ce qui permet de voir que la critique néopositiviste de la métaphysique s'adresse, bien sûr, à la scolastique, mais aussi et surtout à l'idéalisme allemand et à la philosophie transcendantale, puisqu'on ne peut rien dire sur le non empirique. Toute connaissance et tout discours sensé concerne le réel et le vérifiable. Ce rapport avec l'empirique peut être montré par le biais de l'analyse logique grâce à un programme réductionniste, adopté par Russell, en particulier, suivi en cela par Carnap dans *La construction logique du monde*.

Dans son livre *Problèmes de philosophie*, Russell avait montré en 1912 que les objets matériels n'étaient pas donnés, mais inférés à partir de l'expérience immédiate. Dans ses conférences de 1914, pensant que toute inférence doit être remplacée par une construction logique, et suivant en cela Whitehead, il expose sa méthode constructionniste, qui permet de construire les objets et donc la matière et ce, toujours à partir du donné immédiat. Sa méthode montrera bien la liaison de l'empirique au logique. C'est justement *La méthode scientifique en philosophie*, qui a inspiré à Carnap sa *construction logique du monde*.

C'est ce programme constructionniste ou réductionniste qui va permettre de substituer une conception scientifique du monde à celle présentée par les philosophies traditionnelles. Quelles sont les particularités de cette nouvelle conception du monde? Elle n'est pas métaphysique, mais empiriste et logique; et par là même positiviste. Elle se constitue de propositions reliées à l'expérience, donc de propositions scientifiques, puisque l'expérience délimite les frontières entre le scientifique et le non scientifique et par conséquent, entre le sensé et l'insensé. On peut s'interroger alors sur ce qui la distingue de la science, puisque la science est un système d'énoncés et la conception scientifique du monde également. Il ne s'agit évidemment pas de les confondre et la conception scientifique du monde est scientifique sans être pour autant une science. Elle n'a pas pour tâche de vérifier des énoncés, lesquels sont empiriques, mais de les justifier linguistiquement ou logiquement. C'est ce qui permet de relever que la seconde caractéristique de la conception scientifique du monde est d'être logique, c'est-à-dire d'appliquer une méthode logique, constructionniste. Elle ne fait donc pas la science, mais considère les énoncés des différentes sciences existantes.

Pour expliquer dans quelle mesure la conception scientifique du monde est positiviste, c'est-à-dire empiriste d'une part, et logique de l'autre, il faut comprendre que sa réalisation se fait par l'unification des sciences. Carnap est celui, parmi les membres du Cercle de Vienne, qui s'est le plus investi dans la présentation d'une méthode susceptible de réaliser une telle science unitaire.

En effet, dans son ouvrage, *La construction logique du monde*, il présente cette méthode réductionniste capable de réaliser ce projet et de concrétiser le programme commun à tous les membres du Cercle de Vienne. Ce projet consiste précisément en la présentation de toutes les sciences en un système unique. Le but sera de montrer qu'il est possible d'exprimer les énoncés de toutes les sciences en utilisant un langage unique, de représenter toutes nos connaissances en un système unique.

Il s'agit donc d'un projet de traduction de toutes les sciences dans une langue que nous aurons choisie. Le contenu de ce système sera ainsi empirique et la méthode réduction-niste, analytique. Dans son ouvrage de 1928, Carnap avait opté pour un langage phénoménaliste, « auto-psychique », celui de la perception pour y ramener et y traduire directement ou indirectement tous les énoncés des sciences dans ce langage unificateur. C'est ainsi que les énoncés des sciences sociales seront traduits en énoncés psychologiques, puisqu'ils portent sur le comportement des groupes. Les énoncés psycho-logiques seraient aisément traduits en énoncés physiques sur le comportement des individus et ainsi finalement de cette manière, les énoncés sur le comportement extérieur des indi-vidus pourront être traduits en énoncés physiques. À ceux-ci correspondent des énoncés « perceptifs ». Carnap explique donc qu'on aura affaire à trois degrés, trois domaines d'objets sur lesquels portent les différentes sciences, qui seront secon-daires les uns par rapport aux autres, mais tous ramenés à une base unique, qu'il avait choisie et proposée pour des raisons de simplicité et de commodité. Ce qui montre bien qu'un autre langage de base aurait pu être choisi et que le but de l'opération est simplement de montrer la possibilité de présenter un système de tous les objets ou concepts de la science.

Ce qu'on peut retenir de ce résumé simplifié du projet carnapien d'une science unitaire c'est que la conception

scientifique du monde est le système de toutes nos connaissances, lequel reposerait sur une base unique. Elle présente
donc tout ce qui peut être dit d'une manière sensée. Ainsi, il ne
s'agit pas de vérifier des énoncés, ce qui est la tâche des
sciences spécialisées, ni d'en créer mais de les justifier ration-
nellement. La totalité des énoncés déjà vérifiés, présentés
en un système unitaire constitue donc une conception
scientifique du monde, qui devra se substituer à l'ancienne.

Ce texte clarifie ce qu'est le positivisme logique. Effectivement, on peut confirmer que tout d'abord, il ne constitue pas
une doctrine, mais présente un programme de réalisation
d'une science unitaire. Celle-ci rallie l'empirique au logique,
le contenu étant empirique et la méthode logique. Chaque
concept, contrairement aux pseudo-concepts aura sa place
dans ce système.

Ce système « constitutionnel » permet ainsi d'exclure du
domaine du sens tout énoncé qui n'est pas lié directement ou
indirectement à une base empirique et par là même d'éliminer
tous les énoncés de type spéculatif. La philosophie néopositiviste est ainsi logique, empiriste et anti-spéculative et c'est
proprement ce en quoi consiste le positivisme. Le point fort de
ce mouvement se trouve dans l'utilisation de l'outil logique, ce
qui permet de distinguer l'empirisme logique de l'empirisme
classique et le néo-positivisme du positivisme classique.

En tant qu'une des première figures de la philosophie
analytique, inspirée de Frege, de Russell et du *Tractatus* de
Wittgenstein, la principale caractéristique du positivisme
logique, par rapport en particulier au positivisme de Comte,
c'est qu'à part l'utilisation d'une méthode d'analyse logique et
le principe de l'empirisme, selon lequel toute connaissance
doit dériver de l'expérience, rien n'est prescrit d'avance.
Effectivement, ce qui intéressait les membres du Cercle de

Vienne, c'était d'abord la discussion et on peut dire, en exagé-
rant à peine, qu'il y avait autant de positions sur la conception
de la science unitaire, donc du programme commun, et la
manière de la réaliser, qu'il y avait de membres. Par ailleurs,
chacun des membres du Cercle avait évolué à sa manière.
C'est ainsi que Schlick par exemple avait évolué dans sa
conception du sens, sous l'influence du Wittgenstein après
le *Tractatus*, et que Carnap avait abandonné son phénomé-
nalisme au profit d'un physicalisme différent de celui de
Neurath, puisqu'il avait par la suite opté pour une philosophie
comme analyse purement et exclusivement syntaxique du
langage, pour évoluer par la suite vers la sémantique sous
l'influence de Tarski et enfin vers une pragmatique en
développant une logique inductive.

Auguste Comte
Discours sur l'esprit positif
Discours sur l'ensemble du positivisme *

Discours sur l'esprit positif

Le concours spontané des diverses considérations
générales indiquées dans ce discours suffit maintenant pour
caractériser ici, sous tous les aspects principaux, le véritable
esprit philosophique, qui, après une lente évolution préliminaire, atteint aujourd'hui son état systématique. Vu l'évidente
obligation où nous sommes placés désormais de le qualifier
habituellement par une courte dénomination spéciale, j'ai dû
préférer celle à laquelle cette universelle préparation a procuré
de plus en plus, pendant les trois derniers siècles, la précieuse
propriété de résumer le mieux possible l'ensemble de ses attributs fondamentaux. Comme tous les termes vulgaires ainsi
élevés graduellement à la dignité philosophique, le mot *positif*
offre dans nos langues occidentales, plusieurs acceptions

---

* *Discours sur l'esprit positif*, Paris, Vrin, 1995, p. 119-126, et *Discours
sur l'ensemble du positivisme*, Édition du cinquantenaire, Paris, Société
Positiviste Internationale, 1907, p. 2-14.

distinctes … Mais il importe de noter ici que toutes ces diverses significations conviennent également à la nouvelle philosophie générale, dont elles indiquent alternativement différentes propriétés caractéristiques : ainsi, cette apparente ambiguïté n'offrira désormais aucun inconvénient réel…

Considéré d'abord dans son acception la plus ancienne et la plus commune, le mot *positif* désigne le réel par opposition au chimérique : sous ce rapport, il convient pleinement au nouvel esprit philosophique, ainsi caractérisé, d'après sa constante consécration aux recherches vraiment accessibles à notre intelligence, à l'exclusion permanente des impénétrables mystères dont s'occupait surtout son enfance. En un second sens, très voisin du précédent, mais pourtant distinct, ce terme fondamental indique le contraste de l'utile à l'oiseux : alors il rappelle, en philosophie, la destination nécessaire de toutes nos saines spéculations pour l'amélioration continue de notre vraie condition, individuelle et collective, au lieu de la vaine satisfaction d'une stérile curiosité. Suivant une troisième signification usuelle, cette heureuse expression est fréquemment employée à qualifier l'opposition entre la certitude et l'indécision : elle indique ainsi l'aptitude caractéristique d'une telle philosophie à constituer spontanément l'harmonie logique dans l'individu et la communion spirituelle dans l'espèce entière, au lieu de ces doutes indéfinis et ces débats interminables que devait susciter l'antique régime mental. Une quatrième acception ordinaire, trop souvent confondue avec la précédente, consiste à opposer le précis au vague : ce sens rappelle la tendance constante du véritable esprit philosophique à obtenir partout le degré de précision compatible avec la nature des phénomènes et conforme à l'exigence de nos vrais besoins ; tandis que l'ancienne manière de philosopher conduisait nécessairement à des opinions vagues, ne comportant une indispensable discipline que d'après une compression permanente, appuyée sur une autorité surnaturelle.

Il faut enfin remarquer spécialement une cinquième application, moins usitée que les autres, quoique d'ailleurs pareillement universelle, quand on emploie le mot *positif* comme le contraire de négatif. Sous cet aspect, il indique l'une des plus éminentes propriétés de la vraie philosophie moderne, en la montrant destinée surtout, par sa nature, non à détruire, mais à organiser. Les quatre caractères généraux que nous venons de rappeler la distinguent à la fois de tous les modes possibles, soit théologiques, soit métaphysiques, propres à la philosophie initiale. Cette dernière signification, en indiquant d'ailleurs une tendance continue du nouvel esprit philo-sophique, offre aujourd'hui une importance spéciale pour caractériser directement l'une de ses principales différences, non plus avec l'esprit théologique, qui fut longtemps orga-nique, mais avec l'esprit métaphysique proprement dit, qui n'a jamais pu être que critique. Quelle qu'ait été, en effet, l'action dissolvante de la science réelle, cette influence fut toujours en elle purement indirecte et secondaire : son défaut même de systématisation empêchait jusqu'ici qu'il en pût être autre-ment ; et le grand office organique qui lui est maintenant échu s'opposerait désormais à une telle attribution accessoire, qu'il tend d'ailleurs à rendre superflue. La saine philosophie écarte radicalement, il est vrai, toutes les questions nécessairement insolubles : mais, en motivant leu rejet, elle évite de rien nier à leur égard, ce qui serait contradictoire à cette désuétude systématique, par laquelle seule doivent s'éteindre toutes les opinions vraiment indiscutables. Plus impartiale et plus tolérante envers chacune d'elles, vu sa commune indifférence, que ne peuvent l'être leurs partisans opposés, elle s'attache à apprécier historiquement leur influence respective, les conditions de leur durée et les motifs de leur décadence, sans prononcer jamais aucune négation absolue…

Le seul caractère essentiel du nouvel esprit philosophique qui ne soit pas encore indiqué directement par le mot *positif*, consiste dans sa tendance nécessaire à substituer partout le relatif à l'absolu. Mais ce grand attribut, à la fois scientifique et logique, est tellement inhérent à la nature fondamentale des connaissances réelles, que sa considération générale ne tardera pas à se lier intimement aux divers aspects que cette formule combine déjà, quand le moderne régime intellectuel, jusqu'ici partiel et empirique, passera communément à l'état systématique. La cinquième acception que nous venons d'apprécier est surtout propre à déterminer cette dernière condensation du nouveau langage philosophique, dès lors pleinement constitué, d'après l'évidente affinité des deux propriétés. On conçoit, en effet, que la nature absolue des anciennes doctrines, soit théologique, soit métaphysique, déterminait nécessairement chacune d'elles à devenir négative envers toutes les autres, sous peine de dégénérer elle-même en un absurde éclectisme. C'est, au contraire, en vertu de son génie relatif que la nouvelle philosophie peut toujours apprécier la valeur propre des théories qui lui sont le plus opposées, sans toutefois aboutir jamais à aucune vaine concession, susceptible d'altérer la netteté de ses vues ou la fermeté de ses décisions. Il y a donc vraiment lieu de présumer, d'après l'ensemble d'une telle appréciation spéciale, que la formule employée ici pour qualifier habituellement cette philosophie définitive rappellera désormais, à tous les bons esprits, l'entière combinaison effective de ses diverses propriétés caractéristiques.

Discours sur l'ensemble du positivisme

… Le positivisme se compose essentiellement d'une philosophie et d'une politique, qui sont nécessairement inséparables, comme constituant l'une la base de l'autre et l'autre le but d'un même système universel, où l'intelligence et la sociabilité se trouvent intimement combinées. D'une part, en effet, la science sociale n'est pas seulement la plus importante de toutes; mais elle fournit surtout l'unique lien, à la fois logique et scientifique, que comporte désormais l'ensemble de nos contemplations réelles…

Une systématisation réelle de toutes les pensées humaines constitue donc notre premier besoin social, également relatif à l'ordre et au progrès. L'accomplissement graduel de cette vaste élaboration philosophique fera spontanément surgir, dans tout l'Occident, une nouvelle autorité morale, dont l'inévitable ascendant posera la base directe de la réorganisation finale, en liant les diverses populations avancées par une même éducation générale, qui fournira partout, pour la vie publique comme pour la vie privée, des principes fixes de jugement et de conduite…

La vraie philosophie se propose de systématiser, autant que possible, toute l'existence humaine, individuelle et surtout collective, contemplée à la fois dans les trois ordres de phénomènes qui la caractérisent, pensées, sentiments et actes… Pour cette commune destination fondamentale, l'office propre de la philosophie consiste à coordonner entre elles toutes les parties de l'existence humaine, afin d'en ramener la notion théorique à une complète unité, qui ne saurait être réelle qu'autant qu'elle représente exactement l'ensemble des rapports naturels, dont la judicieuse étude devient ainsi la condition préalable d'une telle construction. Si la philosophie tentait d'influer directement sur la vie active autrement que par cette systématisation,

elle usurperait vicieusement la mission nécessaire de la politique, seul arbitre légitime de toute évolution pratique. Entre
ces deux fonctions principales du grand organisme, le lien
continu et la séparation normale résident à la fois dans la
morale systématique, qui constitue naturellement l'application caractéristique de la philosophie et le guide général de la
politique…

Cette grande coordination, qui caractérise l'office social
de la philosophie, ne saurait être réelle et durable qu'en
embrassant l'ensemble de son triple domaine, spéculatif,
affectif et actif. D'après les réactions naturelles qui unissent
intimement ces trois ordres de phénomènes, toute systématisation partielle serait nécessairement chimérique et insuffi-
sante. Toutefois, c'est aujourd'hui seulement que la philosophie, en parvenant à l'état positif, peut enfin concevoir
dignement la vraie plénitude de sa mission fondamentale…

Des théories directement relatives aux lois des phénomènes et destinées à fournir des prévisions réelles sont
aujourd'hui appréciées surtout comme seules capables de
régulariser notre action spontanée sur le monde extérieur.
C'est pourquoi, l'esprit positif a pu devenir de plus en plus
théorique et tendre à s'emparer peu à peu de tout le domaine
spéculatif, sans perdre jamais l'aptitude pratique inhérente
à son origine, même quand il poursuivait des recherches
vraiment oiseuses, excusables seulement à titre d'exercices
logiques. Dès son premier essor mathématique et astronomique, il a montré sa tendance à systématiser à sa manière,
l'ensemble de nos conceptions, suivant l'extension continue
de son principe fondamental, qui après avoir longtemps
modifié de plus en plus le principe théologico-métaphysique,
s'efforce évidemment, depuis Descartes et Bacon de le
remplacer irrévocablement. Ayant ainsi pris graduellement

possession de toutes les études préliminaires, désormais affranchies du régime ancien, il lui restait à compléter sa généralisation en s'emparant aussi de l'étude finale des phénomènes sociaux… La coordination positive de tout le domaine intellectuel se trouve ainsi d'autant mieux assurée que si, d'une part, cette création de la science sociale compète l'essor de nos contemplations réelles, d'une autre part elle leur imprime aussitôt le caractère systématique qui leur manquait encore, en offrant nécessairement le seul lien universel qu'elles comportent.

Cette conception est assez adoptée déjà pour qu'aucun véritable penseur ne méconnaisse désormais la tendance nécessaire de l'esprit positif vers une systématisation durable, comprenant à la fois l'existence spéculative et l'existence active. Mais une telle coordination serait encore loin de présenter l'entière universalité sans laquelle le positivisme resterait impropre à remplacer entièrement le principe théologique dans le gouvernement spirituel de l'humanité. Car elle n'embrasserait point la partie vraiment prépondérante de toute existence humaine, la vie affective, qui seule fournit aux deux autres une impulsion et une direction continues…La coordination positive, sans cesser d'être théorique et pratique, doit aussi devenir morale, et puiser même dans le sentiment son vrai principe d'universalité.

COMMENTAIRE

La première partie du texte est extraite du *Discours sur l'esprit positif*, publié en 1844. Cet ouvrage me paraît essentiel, parce que considéré comme une sorte de manifeste de la philosophie positive. De plus, il succède au *Cours de philosophie positive*, dont le dernier tome a été publié en 1842. On peut ainsi le considérer comme une synthèse du *Cours*, mais également, une charnière entre la philosophie positive et le positivisme, comme en témoigne l'insistance du texte sur le côté moral, social et politique.

Après avoir rappelé l'évolution de l'esprit et l'avènement historique de l'esprit positif, Comte va essayer de définir le terme *positif*, tout en mettant l'accent sur le fait qu'il a reçu différentes significations communes. C'est à partir de ces différentes acceptions et usages, lesquels finalement se rejoignent, qu'il va essayer de le faire. On peut même dire que les premières définitions du terme ne se contredisent pas en ce sens qu'elles conviennent à son sens philosophique et témoignent de la capacité qu'ont « les populations les plus avancées » à réunir dans une seule formule « plusieurs attributs distincts ». Comte verra aussi probablement dans cet accord sur les définitions communes et scientifiques le signe de la continuité entre le bon sens et la philosophie positive.

L'esprit positif est précédé par deux étapes préliminaires, lesquelles étapes sont lentes et longues à se déployer : l'étape théologique et l'étape métaphysique, qui seront suivies par l'étape définitive de l'évolution de l'intelligence. Il faut remarquer, par la suite, que cette progression ne concerne pas uniquement l'intelligence de l'humanité mais également l'entendement des individus. Selon la loi des trois états, l'esprit individuel et universel passent par une première étape, qui est l'étape théologique, au cours de laquelle l'homme se pose des questions auxquelles il ne peut pas répondre. On peut dire que durant cette période, on traite de l'absolu d'une manière absolue.

La seconde étape est tout aussi préscientifique, elle est proche de la première et lui est tout à fait similaire, car l'homme persiste à vouloir répondre à des problèmes qu'il n'a pas la capacité de résoudre. Il explique ainsi les phénomènes en faisant appel, non plus à des divinités, mais à des forces métaphysiques, les deux explications étant aussi abstraites l'une que l'autre.

Ces deux premières étapes qui devront être surmontées pèchent doublement : d'abord en s'intéressant à ce qui nous échappe, ce qui signifie que contrairement à la position néopositiviste qui nie l'existence de telles questions, Comte pense que ce sont les limites de nos facultés qui nous empêchent de les traiter positivement, et ensuite en y donnant des réponses absolues et abstraites.

L'étape positive et scientifique ne sera atteinte qu'une fois ces deux étapes dépassées. Ce qu'il est intéressant de relever c'est que pour Comte, on ne peut pas dire que l'homme se soit trompé et on ne peut qualifier, en quelque sorte, ces deux premières phases de l'explication du réel, d'erreur, en ce sens

qu'elles sont nécessaires à la troisième. On a l'impression
qu'il en fait même des conditions naturelles. La théologie et
la métaphysique sont bien des propédeutiques à la philosophie positive. La progression vers celle-ci se fait lentement,
chacune des étapes étant elle-même constituée de trois étapes,
jusqu'à l'avènement du règne de la science. Le chemin vers
la science et la positivité est donc long et les différents sens
de *positif* recensés par Comte rejoignent en tous les cas
l'idée principale de la nécessité de dépasser ce qui est non
scientifique. Qu'est-ce qu'on entend par *positif*?

Le premier sens qu'on donne à *positif* en fait l'opposé de
chimérique; le terme signifie alors réel et cet usage convient
tout à fait à Comte, puisqu'il s'oppose à tout ce qui est
mystérieux ou susceptible de dépasser notre entendement,
c'est-à-dire, en fin de compte, que ce terme s'oppose à théologique et métaphysique. Dans ce cas là, l'enfance de l'humanité serait non positive, les explications des phénomènes qui
nous entourent y étant de type surnaturel ou divin.

Le positif dans ce premier sens rejoindrait alors l'utile, à
savoir la seconde acception du terme, puisque les explications
dites «chimériques», contrairement aux explications scientifiques par l'établissement des lois, ne sont pas maîtrisables
et ne nous permettent pas d'avancer, d'améliorer notre vie
conformément à la devise de la philosophie positive. Dans une
tentative d'explication non scientifique des phénomènes,
notre réel nous échappe complètement et on ne peut avoir
aucune emprise dessus. De plus, le recours à de telles forces
explicatives abstraites, théologiques ou métaphysiques, ne
nous donne accès à aucune certitude. C'est en ce sens que
la troisième signification de la positivité est la certitude.
Seule une connaissance sûre et certaine peut nous permettre

d'atteindre une « harmonie logique ». Nos pseudo-connaissances ne peuvent constituer un système, qui pourrait être en
harmonie avec nos besoins, parce que nous restons dans le
vague.

Le positif serait ainsi synonyme de réel, utile, certain et
précis. Ce qui rejoint l'idée que pour Comte, le but de la
science n'est pas théorique et toutes nos connaissances doivent
converger vers la satisfaction des besoins de l'humanité.
D'après ces quatre sens de *positif*, on peut dire que ce terme
signifie en fin de compte ce qui est maîtrisé, parce que ni
vague, ni mythique.

À ces usages du terme s'ajoute un autre, peut-être, plus
directement linguistique/sémantique, puisque positif s'oppose
tout simplement à négatif. Toutefois, il est important de
préciser en quoi consiste cette négativité. L'opposition que
fait Comte entre le positif et le négatif signifie, dans une
perspective Saint-Simonienne, l'opposition de l'organique au
critique, dans le sens précis de destructeur. La métaphysique
en particulier est destructrice, elle n'a aucun objectif rassem-
bleur qui consiste à construire et organiser. Effectivement, la
science n'est pas une accumulation ou « une vaine érudition »,
elle organise les faits de façon à les déduire les uns des autres.
« Le véritable esprit positif consiste surtout à voir pour prévoir,
à étudier ce qui est afin d'en conclure ce qui sera, d'après
le dogme général de l'invariabilité des lois naturelles ». Cet
esprit positif permet ainsi une communion intellectuelle
permettant elle-même « une certaine convergence d'intérêts »,
et c'est dans ce sens précis que le positif est organique et non
critique. Le but et l'intérêt ultime sont l'harmonie totale entre
la vie spéculative et la vie active, qui évoluera chez Comte vers
une morale positive.

Cette harmonie est possible grâce à la sociologie, car en s'étendant aux phénomènes sociaux, l'école positive peut résoudre l'anarchie qui règne depuis la Révolution. La devise de la philosophie positive se concentre alors dans le fait que « l'ordre constitue sans cesse la condition fondamentale du progrès, et, réciproquement, le progrès devient le but nécessaire de l'ordre ».

Toutes ces caractéristiques et ses différents sens de *positif* se recoupent et expriment une opposition à ce qui est préscientifique. Pourtant le rapport de la philosophie positive avec les deux étapes qui la précèdent est assez particulier, puisque Comte affirme que la positivité ne rejette ni la théologie, ni la métaphysique. En effet, dit-il, « en motivant leur rejet, elle évite de rien nier à leur égard ». Leur rapport est un rapport d'évolution et de progression. L'adolescent ne peut renier l'enfant qu'il a été, ni l'adulte l'adolescent. C'est comme si ces deux premières étapes étaient englobées par la dernière, ou encore intégrées en quelque sorte à l'étape de la positivité. Ce rapport de rejet sans rejet, de dépassement avec assimilation, rentre dans le cadre de l'idée de systématisation où tout est en relation et où on ne peut parler d'exclusion. Comte se situe dans une philosophie évolutionniste sous une forme systématique, si on peut dire.

Il semble alors que l'opposition du positif à ce qui est irréel, inutile, incertain et imprécis ne soit plus si aisée à comprendre. Comment s'opposer sans rejeter ou renier ?

Le positiviste, l'adulte, doit avoir une certaine indulgence vis-à-vis des plus jeunes et surtout vis-à-vis de sa propre jeunesse avant qu'il n'atteigne l'âge de la maturité. Il apprécie historiquement leur influence « sans prononcer jamais aucune négation absolue… ». Par conséquent, au lieu d'opposition du positif au théologique et au métaphysique, il serait peut-être plus correct de parler de dépassement, d'autant plus que chacune de ces deux étapes est incontournable dans l'évolution de l'intelligence de l'humanité, mais aussi dans l'évolution de chaque science et de chaque individu.

Or, autant les choses peuvent être comprises ou imaginées, lorsqu'on parle de l'évolution de l'intelligence universelle, même si l'histoire ne donne pas toujours raison à Comte, autant il semble difficile d'envisager en parallèle que, bien que l'esprit de l'humanité ait atteint le stade de la positivité, des individus et des sciences soient encore en train de traverser ces étapes successives.

La pensée de Comte semble assez ambiguë sur le déroulement général et particulier des étapes successives, et pourtant simultanées aussi, du développement de l'esprit. C'est ainsi par exemple que, dans le *Discours sur l'esprit positif*, il rappelle que l'étape théologique se constitue des trois étapes, que sont le fétichisme, le polythéisme et le mono-théisme. En même temps, il dit que le fétichisme, qui est quand même la première étape, c'est-à-dire, celle qui est la plus éloignée de l'esprit positif, domine encore aujourd'hui chez la race noire, la moins nombreuse des trois races de notre espèce. Est-ce que cela signifie que des trois races que sont, la blanche, la jaune et la noire, certaines évoluent plus vite que d'autres? Ou est-ce qu'il y aurait des races pré-adultes qui seraient vouées à disparaître, d'autant plus que cette évolution vers le positivisme est naturelle et spontanée?

On peut relever que d'un côté, la science et la théologie ne sont pas « en opposition ouverte », en ce sens qu'elles « ne se posent pas les mêmes questions », c'est ce qui explique d'après lui, l'essor partiel de l'esprit positif, malgré « l'ascendant général de l'esprit théologique ». Mais d'un autre côté, lorsque l'esprit positif s'est occupé d'autres sujets que les mathématiques et avec, en particulier, la naissance de l'astronomie, « la collision » entre le pré-positif et le positif est devenue inévitable. Comte parle même « d'opposition radicale » entre « deux ordres de conception ». La positivité est donc bien incompatible avec les étapes précédentes, cette incompatibilité se situe dans l'opposition des prévisions rationnelles aux divinations par révélation. Il s'agit dorénavant bien d'une lutte contre l'esprit à la fois théologique et métaphysique, dont l'impulsion scientifique a été donnée par Kepler et Galilée et l'impulsion philosophique par Bacon et Descartes.

L'attitude conciliatrice et systématique de Comte est conforme à l'esprit positif, selon lequel l'ensemble du passé de l'humanité doit être pris en considération, en ce sens que chaque étape est une phase de son évolution, de telle manière qu'elle résulte de la précédente et prépare la suivante. Il y a donc une progression commune, et c'est ce qui explique l'ambiguïté, des évolutions à vitesses différentes d'une part et l'incompatibilité entre les différentes étapes, lorsqu'on arrive à l'étape où la positivité dépasse le domaine des mathématiques, d'autre part.

Cette longue progression de l'intelligence humaine est une émancipation de tout ce qui est irrationnel, les deux premières étapes étant « des maladies » dont il faut guérir. Cette guérison ne semble pas se faire aussi naturellement que Comte semble le dire, le monothéisme persistant effectivement, comme il l'avait déjà fait remarquer, dans l'immense majorité de « notre race » et il n'est pas si aisé de se débarrasser du non positif, du non rationnel et du non scientifique. C'est ce qui explique que lorsque la philosophie positive s'est transformée en un positivisme, un très grand encadrement, frôlant l'embrigadement a été proposé par Comte et ses successeurs.

L'essentiel de cette tentative de préciser et de cerner le terme *positif* revient finalement à la volonté de rejeter tout absolutisme et à la conviction que la connaissance est relative. En effet, l'homme devient en quelque sorte la source de toute explication et de toute connaissance par le biais des lois scientifiques qui relient les phénomènes observés entre eux.

Dans le deuxième extrait tiré de ce qui est considéré par Mill comme étant le manifeste du positivisme, à savoir le *Discours sur l'ensemble du positivisme* de 1848, Comte explique que la principale caractéristique de la philosophie positive et de l'esprit positif est la systématisation. Dès les premières cours, l'avènement de la sociologie est posé comme la condition incontournable pour accéder à la positivité. En d'autres termes, c'est une fois que les phénomènes sociaux ont pu être traités comme les phénomènes naturels que la systématisation a été possible. Cette condition revient au fait que la philosophie positive n'a pas sa fin en elle-même, elle œuvre pour l'ordre et le progrès, la connaissance de tous les phénomènes et donc la systématisation des sciences sont alors nécessaires. Cette systématisation se transformera en une véritable « autorité morale ». La philosophie positive remplace alors aussi bien Dieu que les concepts abstraits de la métaphysique. Toutes les populations auront la même éducation et chacun œuvrera pour le bien de chacun et de tous.

De la même manière que l'évolution vers la positivité concerne aussi bien l'individu que l'humanité, cette systématisation concerne également l'individu, l'humanité et surtout ce qu'on peut appeler les trois dimensions de l'homme, à savoir les pensées, les sentiments et les actes. Chacune de ces trois dimensions doit être également systématisée, et toutes « les parties de l'existence humaine » doivent être unifiées et coordonnées. C'est l'avènement d'une physique sociale, ou une sociologie qui permet de relier le spéculatif à l'affectif et à l'actif. Cette tâche incombe à la philosophie positive, c'est même « sa mission fondamentale ». En réalité, la systématisation théorique est la condition de cette coordination générale. En effet, en permettant de prévoir et d'agir, la connaissance systématique des lois a supplanté la théologie et la métaphysique et a permis de les « remplacer irrévocablement » depuis Descartes et Bacon. Mais c'est l'extension de cette méthode aux phénomènes sociaux et la création d'une science sociale qui va faire de la philosophie positive une philosophie universelle. Sans cette extension, l'esprit positif ne peut pas succéder et prendre la place de l'esprit théologique et métaphysique.

Dans quel sens la sociologie va-t-elle permettre la systématisation universelle, non pas uniquement des sciences mais de la triple dimension humaine ?

Ce qui est très surprenant dans le Comtisme, c'est que c'est la vie affective qui représente la partie la plus importante de toute existence humaine. En d'autres termes, c'est elle qui fournit toute impulsion à la vie spéculative et à la vie active. Le théorique sans l'affectif serait réduit à « des contemplations vicieuses ou du moins oiseuses » et le pratique sans l'affectif ne serait que pure « agitation stérile ou même perturbatrice ». Et par conséquent, toute tentative de liaison partielle entre les deux serait pure illusion. C'est à ce niveau de sa pensée que Comte va sombrer dans un moralisme, puisque la coordination positive est bien sûr théorique et pratique, mais aussi morale, cette caractéristique étant la plus importante, en ce sens que sans la dimension morale les autres dimensions seraient vaines, désordonnées et inutiles. C'est « la morale systématique » qui permettra justement l'application de la philosophie positive.

Le positivisme montre que le bien tant privé que public dépend plus du cœur que de l'esprit et finalement que « l'unité humaine ne peut résulter que d'une juste prépondérance du sentiment sur la raison et même sur l'activité ». Comte prône donc la domination de l'affectif sur le théorique et le pratique, sans tomber pour autant dans le subjectivisme, parce qu'il parle d'une systématisation individuelle, puis collective, qui s'explique par une disposition à l'amour universel. Il s'agit d'un instinct, qui fait qu'on privilégie le bien collectif sur le bien égoïste, et c'est de cette manière que la science ne peut être dégagée de « toute destination sociale ». C'est ainsi que la vie affective devient « l'unique centre de la systématisation finale » du principe positif. Le dogme de l'esprit positif n'est plus de dépasser les deux précédentes étapes, mais il devient, grâce à une orientation politique et plus seulement philosophique, « la prépondérance continue du cœur sur l'esprit ». Si l'esprit répond aux questions, c'est en revanche le cœur qui les pose, dans le but de répondre à nos besoins. Mais il n'y a pas d'opposition, comme dans les étapes précédentes entre le cœur, l'esprit et l'activité. Seul l'esprit est capable de répondre aux questions.

Fidèle à ses explications et à ses conceptions évolutionnistes, Comte, pour arriver à ce dogme d'une morale et d'une autorité systématiques, explique qu'il a fallu d'abord passer par une systématisation théorique, laquelle, ne suffisant pas pour accéder à l'universalité, s'est complétée par un système affectif, visant l'action. Il y a donc toujours un ordre évolutif nécessaire. Cette nécessité est logique, c'est ainsi que devant l'hétérogénéité de nos tendances, on ne peut qu'envisager une manière de les faire converger, de les « discipliner », qui consiste dans « un sentiment d'amour ». Il y a donc un enchaînement logique : la synthèse spéculative permet la synthèse affective et cette unité de tendances et d'impulsions ne peut que permettre l'unité active. Ainsi la prépondérance de l'affectif repose sur une base objective. Contrairement à la systématisation théologique, la systématisation positive est fondée sur un fondement objectif, scientifique et empirique, suite à l'étude des phénomènes sociaux.

Il semble que c'est le propre de la positivité, à savoir la connaissance des phénomènes sociaux, qui va faire reposer l'organisation et l'unité universelle sur un fondement affectif. Est-ce qu'on ne retombe pas dans les étapes précédents l'étape positive ? La réponse est négative, car nous penchons naturellement et instinctivement vers le bien de l'humanité et vers l'abandon de l'égoïsme. Ce sentiment est en fait le résultat d'une évolution naturelle, spontanée et inévitable. Comte ne donne donc qu'une explication logique à l'avènement de ce sentiment, dont finalement tout dépend. Cette étape doit passer par les autres, car le perfectionnement, dit-il « suppose d'abord l'imperfection ».

Comte constitue ainsi une anthropologie, afin de mettre à jour « la théorie de l'évolution humaine », laquelle se retrouve au niveau individuel. C'est la systématisation graduelle qui permet cette découverte et ce, à partir de la fameuse loi des trois états, la troisième étape permettant grâce aux sciences positives d'apprécier la réalité des phénomènes. Elle permet de coordonner passé, présent et futur, l'état moderne ayant le privilège d'étendre la positivité aux phénomènes sociaux. Cette homogénéisation permet une systématisation, car les phénomènes peuvent échapper à l'emprise théologique ou métaphysique. La positivité perd toute relation à l'absolu, car nos connaissances ont un but unique, celui de servir l'humanité. On n'étudie donc pas les phénomènes pour eux-mêmes, et c'est ce qui fait la différence entre la dernière étape de l'évolution et les deux premières. On comprend alors comment « l'esprit positif vient aujourd'hui, par la fondation de la sociologie, se replacer à jamais sous la juste domination du cœur, de manière à permettre enfin la systématisation totale, d'après la subordination continue de la base objective envers le principe subjectif ». La connaissance des lois de la sociabilité permet de systématiser toute notre existence qu'elle soit publique ou privée et de détenir, ainsi, en quelque sorte, nos destinées.

Ce qui est original, c'est que ce n'est plus la raison qui discipline nos sentiments, mais l'inverse. L'éducation ne sera donc plus scientifique ou théorique mais aussi morale. Elle devra être éclairée par les connaissances acquises et c'est là que la philosophie positive se transforme en un positivisme, devant régler et orienter toute l'existence.

Pour synthétiser tout le projet comtien, on peut dire que le but de la philosophie positive est une science unique, comprenant les phénomènes aussi bien physiques que sociaux, ceci dans une hiérarchie allant du plus général et donc du plus simple au plus particulier et donc plus complexe. Ce qui signifie qu'avant d'étudier la nature humaine, il faut connaître la nature extérieure. En effet, « la sociabilité ne saurait être comprise sans une suffisante appréciation préalable du milieu où elle se développe et de l'agent qui la manifeste ». La philosophie naturelle devient une propédeutique à la science sociale. Comme chez Carnap, on a affaire à une construction du plus simple au plus complexe, mais cette classification se fait dans un but pédagogique et éducatif, pour devenir morale et politique. C'est la morale dite positive qui « doit présider à la régénération finale de l'humanité ».

Ceci permet de préciser le sens de *positif*. L'esprit positif se définit par la réalité et l'utilité, et se rapproche tout simplement du bon sens. L'esprit positif ne fait que systématiser le bon sens. Il faut, d'après Comte, rajouter les qualités de certitude et de précision, afin de distinguer l'état positif des états précédents et en dernière analyse l'idée que contrairement aux étapes antérieurs, l'esprit positif est organique et relatif. Cette systématisation se fera par le règne des sentiments et donc de la morale qui, finalement pourra orienter la science et l'activité.

La destination finale du positivisme est sociale, morale et politique. Le progrès et l'ordre guident tous nos efforts, et la morale positive est une morale sociale. On voit comment cette philosophie se transforme en une religion, qui consiste certes « à réorganiser sans dieu ni roi », mais sous « la seule prépondérance normale, à la fois privée et publique, du sentiment social, convenablement assisté de la raison positive et de l'activité réelle ». Tout ceci ne sera possible que par une mainmise sur l'individu par une élite, dont la tâche serait d'éduquer dans ce sens. Il s'agit de discipliner les intelligences afin de construire les mœurs. L'évolution des individus se fait donc à des vitesses inégales et certains « évolués » auront la tâche d'éduquer et de discipliner les autres, en utilisant différentes méthodes. La science devient donc certes, sacrée mais en tant qu'elle devient le fondement systématique du culte universel, permettant l'ordre et le progrès de l'Humanité.

Ce texte est important pour la compréhension du Comtisme car on y voit bien que la systématisation des sciences et la philosophie positive ne sont qu'un moyen en fait pour concrétiser le but final, celui d'une morale universelle permettant l'ordre et le progrès, ainsi que le culte de l'Humanité. Cette évolution et cette tendance vers le bien sont naturelles et même instinctives pour Comte. Toutefois, tous les individus n'arrivent pas au même état de cette évolution et une élite doit avoir pour tâche de guider les autres et de les éduquer au culte de l'Humanité. C'est ce qui a fait passer la philosophie positive au positivisme, véritable religion ayant pour but de relier les individus entre eux, comme aimait à le souligner Comte, mais tout de même dans un but unique et absolu, ainsi que par le biais d'une méthode et d'un processus tout aussi uniques et absolus.

TABLE DES MATIÈRES

DANS LA MÊME COLLECTION

Julien DEONNA et Fabrice TERONI, *Qu'est-ce qu'une émotion ?*

Jérôme DOKIC, *Qu'est-ce que la perception ?*, 2ᵉ édition

Filipe DRAPEAU CONTIM, *Qu'est-ce que l'identité ?*

Éric DUFOUR, *Qu'est-ce que le cinéma ?*

Éric DUFOUR, *Qu'est-ce que la musique ?*

Hervé GAFF, *Qu'est-ce qu'une œuvre architecturale ?*

Pierre GISEL, *Qu'est-ce qu'une religion ?*

Jean-Yves GOFFI, *Qu'est-ce que l'animalité ?*

Gilbert HOTTOIS, *Qu'est-ce que la bioéthique ?*

Catherine KINTZLER, *Qu'est-ce que la laïcité ?*, 2ᵉ édition

Sandra LAPOINTE, *Qu'est-ce que l'analyse ?*

Michel LE DU, *Qu'est-ce qu'un nombre ?*

Pierre LIVET, *Qu'est-ce qu'une action ?*, 2ᵉ édition

Michel MALHERBE, *Qu'est-ce que la politesse ?*

Paul MATHIAS, *Qu'est-ce que l'internet ?*

Lorenzo MENOUD, *Qu'est-ce que la fiction ?*

Michel MEYER, *Qu'est-ce que l'argumentation ?*, 2ᵉ édition

Paul-Antoine MIQUEL, *Qu'est-ce que la vie ?*

Jacques MORIZOT, *Qu'est-ce qu'une image ?*, 2ᵉ édition

Gloria ORIGGI, *Qu'est-ce que la confiance ?*

Roger POUIVET, *Qu'est-ce que croire ?*, 2ᵉ édition

Roger POUIVET, *Qu'est-ce qu'une œuvre d'art ?*

Manuel REBUSCHI, *Qu'est-ce que la signification ?*

Dimitrios ROZAKIS, *Qu'est-ce qu'un roman ?*

Franck VARENNE, *Qu'est-ce que l'informatique ?*

Hervé VAUTRELLE, *Qu'est-ce que la violence ?*

Joseph VIDAL-ROSSET, *Qu'est-ce qu'un paradoxe ?*

John ZEIMBEKIS, *Qu'est-ce qu'un jugement esthétique ?*

Imprimerie de la Manutention à Mayenne (France) – Avril 2010 – N° 104-10

Dépôt légal : 2ᵉ trimestre 2010